12 SEMANAS
PARA
EMAGRECER
E VIVER MELHOR

ALESSANDRO VIANNA ALEXANDRE BRÓ
BIANCA NAVES DRA. ROSA RAHMI

12 SEMANAS PARA EMAGRECER E VIVER MELHOR

Academia

Organização de conteúdo: Magno Paganelli
Preparação: Ana Clemente
Revisão: Bete Abreu e Hires Heglan
Diagramação: Futura
Capa: Desenho Editorial
Foto dos autores na contracapa: Ricardo Cersósimo
Imagens de capa: © Maridav/Shutterstock

CIP-BRASIL. CATALOGAÇÃO NA PUBLICAÇÃO
SINDICATO NACIONAL DOS EDITORES DE LIVROS, RJ

A351
12 semanas para emagrecer e viver melhor / Alessandro Viana ... [et al.]. - 1 . ed. - São Paulo : Planeta, 2016.

ISBN 978-85-422-0641-8

1. Emagrecimento. 2. Dieta de emagrecimento. 3. Nutrição. I. Viana, Alessandro.

15-28979 CDD: 613.25
CDU: 613.24

2016
Todos os direitos desta edição reservados à
EDITORA PLANETA DO BRASIL LTDA.
Rua Padre João Manoel, 100 – 21º andar
Ed. Horsa II – Cerqueira César
01411-000 – São Paulo-SP
www.planetadelivros.com.br
atendimento@editoraplaneta.com.br

Sumário

Introdução

Depois de quatro temporadas no ar, o *reality show Além do Peso* é um sucesso na batalha contra a obesidade e todas as suas causas mais comuns. Participantes e vencedores em cada uma das edições influenciaram muitas pessoas a seguir o exemplo deles para superar obstáculos, como a ansiedade, a baixa autoestima, a rejeição, o espelho, o estigma e, o empecilho maior, a balança.

Por que, então, não ir além do programa e criar um recurso que apresente a metodologia adotada para ajudar ainda mais pessoas? Foi com esse intuito que surgiu este livro. Ele reúne os mesmos profissionais que elaboraram e aplicaram a metodologia das doze semanas, anteriormente testada e experimentada nas edições de *Além do Peso*.

Os participantes do *reality show* vieram de contextos variados, desde a situação social (emprego, educação, cultura e renda) até o próprio peso, com dezenas de quilos acima do ideal. Nos cinco meses em que a atração foi exibida (às vezes quatro meses foram suficientes), houve casos de quem perdeu 50, 60 e até 70 quilos. Ao todo, mais de 1.900 quilos de gordura excedente foram queimados nas quatro edições do programa. Isso mesmo: os participantes se livraram de quase duas toneladas indesejadas. Isso deve animar você, não?

Aqui, apresentamos a metodologia campeã que deu certo com os participantes e será um sucesso com você, porque qualquer um pode mudar a vida e alterar comportamentos de risco para ter uma rotina saudável.

Todo mundo nasce com um equipamento emocional completo (capacidade de se emocionar, de experimentar sensações diversas, de ser imaginativo) e com um aparato intelectual apto a responder aos desafios que enfrentará ao longo de seu desenvolvimento (criatividade, determinação, concentração, objetivação, adaptabilidade etc.). Cada um de nós cresce e se desenvolve em contextos familiares e sociais diferentes, mas há inúmeras situações, seja nos cenários de crise, seja nos de sucesso, que se assemelham umas às outras. Assim, pessoas em diferentes cenários podem passar por experiências semelhantes. Estamos nos referindo às contingências da vida.

Essas contingências fazem disparar em nós mecanismos de defesa que precisam ser identificados e tratados adequadamente. Se não lidarmos bem com eles, podemos sofrer consequências negativas, entre elas a obesidade. Os gatilhos que disparam as contingências estão por aí: crise na família, problemas financeiros, perda de emprego, doenças, falta de afeto, frases e apelidos que "grudam" e acabam definindo o obeso, situações que levam à reclusão.

O que é preciso fazer, portanto, para dar a volta por cima? Livrar-se do quadro negativo, planejar de modo a ser como antes ou se tornar uma nova pessoa que você imagina ser, com imagem, aparência e condição físico-emocional que seja a sua definição ______________________________ ideal.

(Coloque seu nome aqui)

Esse foi o primeiro passo que nós – Alê, Bianca, Bró e dra. Rosa – ajudamos os participantes do *Além do Peso* a dar para que abrissem mão da imagem e dos sentimentos ruins do passado e passassem a ser como realmente são. Ou como pudesse se tornar. No quadro "Como eu me vejo", os participantes escreveram dez situações que refletiam sua autoimagem quando começaram o programa. Algumas das palavras registradas foram fracasso, tristeza, incapacidade, rejeitado, envergonhado, angústia, desesperado, dor, frustrado, culpado.

Nesse sentido, o *Além do Peso,* com a metodologia aplicada aos competidores, mostrou um primeiro diferencial, para além das dietas milagrosas, das receitas que prometem muito e dos recursos que você encontra na banca de jornal ou em páginas de "especialistas" na internet. Qual é esse diferencial? A aplicação de um modelo técnico-científico com especialistas que atuam diariamente em suas áreas médicas e não olham a obesidade exclusivamente do ponto de vista médico ou clínico, porque ela não é tão somente uma questão física.

Quando pensamos em um programa eficiente, com resultados aplicáveis a indivíduos tão diferentes, consideramos ir além do peso e aprofundamos o tratamento, ultrapassando as barreiras do corpo e tocando as dificuldades emocionais que cada um enfrenta. Afinal, boa parte das causas que disparam o processo de ganho de peso está relacionada a algum aspecto emocional: um trauma, a amargura sofrida na infância, a rejeição familiar, uma decepção amorosa, a dificuldade no campo profissional.

Há casos, porém, que os problemas são metabólicos ou genéticos, e isso foi determinante para reunir em nosso time a competência de uma endocrinologista, Rosa Rahmi, e de uma nutricionista, Bianca Naves. A maioria dos programas de emagrecimento focaliza bastante a atividade física, enquanto outros priorizam as mudanças de hábitos alimentares, e outros ainda introduzem algum "novo" ingrediente na dieta. A pergunta é: e os resultados?

De certo modo, a ênfase "nisso ou naquilo" é justificável, porque a maioria das pessoas não consegue sustentar o emagrecimento por um período prolongado. O famoso "efeito sanfona" é a prova de que um trabalho concentrado em um único ponto não pode trazer resultado válido e duradouro.

As vias populares para o emagrecimento rápido nem sempre conseguem manter a pessoa no novo peso por muito tempo, porque não atingem as causas da obesidade. Mexem na aparência, mas não na essência; tratam os efeitos, não as causas. Assim, a pessoa perde peso e medidas, mas depois de semanas ou meses lá estão os quilinhos a mais recheando as roupas.

Para atingir resultados satisfatórios e permanecer na condição ideal, é preciso reconhecer a complexidade do corpo, e não apenas pretender resultados rápidos. Assim, as etapas e as barreiras enfrentadas no dia a dia precisam ser reconhecidas e trabalhadas para que as vitórias sejam permanentes.

Até que cada etapa seja conhecida e superada, há trabalho a ser feito. Só depois que cada ciclo for completado, na extensão de tempo que estamos propondo para a criação de novos hábitos, é que você estará no caminho certo para experimentar o que é ter qualidade de vida e orgulhar-se ao se olhar no espelho.

Outro diferencial que este livro traz está na proposta feita pelo preparador físico Alexandre Bró. A experiência de adaptar exercícios e atividades para diferentes biotipos e condições físicas mostra que temos um campeão da perda de peso em nosso time. De todos os participantes nas quatro edições, do mais pesado ao mais sedentário, nenhum deles sofreu uma só lesão durante as atividades de gravação do programa. Isso é importante porque pessoas que estão há muito tempo sem exercícios são mais vulneráveis a danos físicos e musculares no retorno à academia.

Pensando na gama de leitores que temos, nas variadas condições de falta de preparo físico e nos anos de sedentarismo em que cada um se encontra, Bró adaptou programas de treinamento reunindo-os numa equação possível de ser encarada por pessoas de portes físicos diversos, para que você confie que é possível participar deste programa partindo do seu atual condicionamento, fazendo os treinos regulares como essa metodologia contempla.

Um dos pontos fortes do método é mostrar a necessidade de mudanças para além dos hábitos alimentares e da inclusão de atividade física na rotina diária. Não se propõe aqui que se faça um "regime" por doze semanas. É preciso ir além. É preciso mexer nas estruturas do corpo e da alma.

Criar hábitos alimentares saudáveis e equilibrados, promover a disposição para atividades físicas regulares e ajustadas a cada situação, aprender a identificar uma dieta apropriada e saber quando e quais alimentos são admissíveis nas diferentes situações (dia a dia, festas, almoço em família, lanchinhos rápidos), e o que fazer quando você estiver diante de uma situação imprevista, como desânimo, ansiedade, ausência de resultados, descrédito das pessoas mais próximas entre outros. Tudo isso foi alvo de nossa preocupação.

Aqui reside um dos principais segredos deste livro: ensinar a ter domínio próprio, controle sobre a situação. O trabalho do psicólogo Alessandro Vianna é ensinar você a equilibrar as emoções frente às diferentes situações para que se conheça melhor e saiba quais são seus limites.

O grande ganho que este livro dará a você, caso siga os nossos conselhos e dicas, é o trabalho multidisciplinar envolvendo nutrição, medicina, educação física e psicologia. Esse trabalho holístico é fundamental para atingir resultados e mantê-los, para aproximar você das coisas boas, até chegar a uma aparência saudável.

A partir do momento que você iniciar a metodologia das doze semanas, terá dado início a uma mudança significativa. Seguindo o método, você poderá mudar muito, e não só perder peso. Você perceberá que a sua vida pode ser diferente. Quando começar a aplicar a metodologia, levará doze semanas para ter uma vida muito melhor e descobrirá que é possível ir além e experimentar o seu potencial para superar barreiras na conquista das metas propostas.

Deixe-nos guiar você nessa nova descoberta e participar da alegria da transformação que muitas outras pessoas já experimentaram. Do mesmo modo que os participantes do *Além do Peso* descobriram sua força pessoal, você também poderá contar a sua experiência em pouco tempo.

Hoje, cada um dos vencedores das quatro edições do programa, além dos demais primeiros colocados, levam uma vida mais saudável e não têm medo de enfrentar a balança nem o espelho. O equilíbrio emocional dessas pessoas foi reconquistado, e eles estão satisfeitos com as vitórias. Todos entraram no programa como se estivessem recorrendo ao último recurso. O *Além do Peso* era a última aposta. Eles venceram, mas nós não ficamos satisfeitos. Queremos ver mais pessoas participando dessa descoberta, avançando limites e contagiando outras.

E você é o nosso próximo alvo.

Semana 1

Hora de resgatar a autoestima

Você está preparado para transformar a sua vida?

Há mudanças que são fáceis e rápidas de fazer. Mudamos o corte ou a cor do cabelo, compramos roupas novas ou adotamos o uso de um penduricalho qualquer, e pronto! Parece que ganhamos fôlego para mais semanas ou meses.

Mudanças pequenas produzem efeitos igualmente pequenos, com pouca duração. Mas há casos em que essas mudanças não são suficientes para nos convencer de que estamos bem. Há aqueles que exigem uma transformação radical, especialmente os que envolvem a **perda da autoestima**.

Dica do especialista

Faça uma lista de coisas que precisam ser mudadas em sua vida. Não se esqueça de nada. No fim, voltaremos a ela.

Note os dois campos envolvidos nos casos como o que você enfrenta: baixa autoestima e obesidade – não importa se você precisa perder muitos ou poucos quilos. Se aceitou o desafio *Além do Peso* é porque você está insatisfeito com as suas medidas. Essa equação "baixa autoestima x peso inadequado" envolve os campos psicológico e físico-corporal. Esses campos interagem e afetam você como um todo.

Você não é apenas *um corpo*; você não é apenas *uma psique* perambulando por aí. *Você é uma pessoa*, um ser complexo, com múltiplas capacidades, com interações variadas, e todas elas precisam receber cuidados para ficar equilibradas.

O desequilíbrio em uma área afetará inevitavelmente outra e comprometerá o todo.

☞

SEM ESFORÇOS = SEM CONQUISTAS
PEQUENOS ESFORÇOS = PEQUENAS CONQUISTAS
GRANDES ESFORÇOS = GRANDES CONQUISTAS

Quem compreende a complexidade que é uma pessoa alcançar resultados significativamente mais rápidos e conseguir mantê-los por mais tempo. É por isso que você terá bons frutos com o método que utilizamos no *Além do Peso*: porque ele dá a devida atenção a cada área que compõe você. Contempla a saúde e a satisfação pessoal.

Nós batizamos o programa *Além do Peso* porque não nos preocupamos somente com seus quilos, mas com outros aspectos de sua vida:

- **físico:** trata das funções orgânicas e do modo como ela funciona;
- **corporal:** contempla a sua aparência;
- **psicológico:** reorganiza os seus pensamentos, o seu comportamento e a sua atitude frente aos seus desafios;
- **nutricional:** cuida das propriedades dos alimentos e das bebidas que você ingere, e como eles vão melhorar ou afetar negativamente a sua fisiologia.

Notou como cada área se inter-relaciona com a seguinte? Se a nutricional não integrar o seu programa de emagrecimento, você comerá alimentos inadequados. A área fisiológica (médica) será afetada negativamente. Consequentemente, o seu corpo terá uma péssima aparência, e isso influenciará a sua autoestima (aspecto psicológico). Nada pode ser deixado de fora, pois tudo está integrado.

Dando a largada

Na primeira semana, você deverá **colocar a casa em ordem**. Precisa dar o primeiro passo de uma jornada que não terá fim, porque reeducar os nossos hábitos é algo tão importante quanto prazeroso e tem longa duração.

Se começar bem, você avançará bem e chegará ao seu alvo com maior segurança e com menos sofrimento. Isso é tão real que os resultados obtidos por aqueles que fizeram o *Além do Peso* podem atestar, como você também terá a oportunidade e o tempo certo para isso.

Reeducar-se fará você se sentir tão bem que, ao incorporar as dicas e seguir os passos propostos, nunca mais vai querer viver de outro modo.

Na primeira semana, você aprenderá sobre obesidade e compulsão alimentar, dois temas que provocam certo temor a princípio, mas que serão bem detalhados para que você compreenda como combatê-los.

Reunimos, também, algumas informações sobre massa corporal. No início você seguirá a fórmula indicada aqui, mas com o tempo seu corpo estará ajustado e terá a massa certa.

Ainda sugerimos uma tabela para ajudar a organizar a vida nutricional, com sua real condição física em relação à obesidade e os riscos de adquirir outras doenças. Há também dicas de preparação física para começar a movimentar o corpo.

Lembre-se de que você é um ser complexo, uma máquina. Não é só barriga ou boca, não é só aparência ou autoestima. Temos um conjunto de áreas nas quais precisamos trabalhar e as ferramentas serão dadas, semana a semana, até que as doze semanas mostrem o resultado que você espera.

Você conhece as opções de dietas radicais que prometem milagres. Mas quantas pessoas do seu convívio ficaram satisfeitas depois de adotar essas receitas? Bem poucas, ou quase nenhuma.

As organizações de profissionais da área médica são rigorosamente contra certas práticas dietéticas, particularmente aquelas que sugerem jejuns extremos e dietas muito pobres em carboidratos, prevalecendo apenas os grupos nutricionais isolados de proteínas ou gorduras. Se as doses diárias equilibradas de gorduras e proteínas não fossem importantes, por que o nosso corpo necessitaria delas?

Dietas desse tipo preocupam os médicos porque induzem atletas, adultos e adolescentes a se engajar em comportamentos alimentares bizarros. O resultado frequente são graves problemas de saúde. Os seguidores dessas dietas nem sempre ficam sabendo dos danos causados no corpo, mas nós da área médica, sim.

O outro lado da história é que o sucesso desse tipo de emagrecimento é de curta duração. Em muitos casos, emagrecer rápido pode desencadear um forte impulso para voltar a comer como antes (ou até mais), e esse impulso costuma ser difícil de controlar. Ações e situações como essas levam à recuperação rápida da gordura perdida e provocam ganho adicional de gorduras, que de outro modo não seriam "reconquistadas".

Mais magro por mais tempo

A obesidade ocorre por causa do acúmulo excessivo de gordura corporal. Seu efeito surge quando descuidamos dos hábitos alimentares, nutricionais, emocionais e físicos.

Ela entra em nossa vida sem pedir licença e é combatida com o emagrecimento. É ele que nos interessa, mas engana-se quem pensa que emagrecer é simplesmente perder peso excessivo.

O principal objetivo do emagrecimento é reduzir o peso extra e manter o novo peso por longo prazo. Se você não fizer isso, em pouco tempo terá de repetir o esforço, as privações, e o "efeito sanfona" fará o maior barulho em seus ouvidos quando estiver de volta.

Dica do especialista

Se você já praticou algumas dietas desse tipo, provavelmente já enfrentou o efeito sanfona. O maior problema é que ele desacelera o metabolismo a cada emagrecimento e ganho de peso seguido. Cuidado, ele é prejudicial. Vamos evitá-lo!

A manutenção do peso ideal após o emagrecimento é considerada a segunda e a mais importante fase do tratamento.

Estudos realizados com obesos mostram que eles têm grande dificuldade para manter por longo prazo o peso atingido após o emagrecimento. Essa dificuldade será maior quanto maior for o grau de obesidade inicial (calculada pelo Índice de Massa Corporal – IMC). Assim, cerca de 50% das pessoas que conseguem perder peso, retornam ao peso anterior ou a um peso maior depois de dois ou três anos de emagrecimento.

Em parte, isso acontece porque desconhecem o fato de a obesidade ser uma doença crônica. Assim, quando o tratamento é interrompido, os quilos extras voltam rapidamente. É por isso que a fase da manutenção requer acompanhamento dos profissionais que trabalham com essa doença. O acompanhamento deve ser rigoroso e por longo tempo.

Dica do especialista

O uso de medicação para emagrecer pode trazer problemas de saúde, como insônia, anemia e até depressão. A prescrição de qualquer medicamento para obesidade deve ser feita estritamente por um médico.

O acompanhamento conjunto, feito por nutricionista, preparador físico, psicólogo e médico, prepara o indivíduo para compreender a sua real condição de saúde, facilita a incorporação e a adoção de novos hábitos de vida saudáveis, reduz os distúrbios psicológicos e é a maneira mais eficiente de manter o peso desejado.

O passo adicional a esse processo será a recuperação estética. Ela ocorrerá paralela e gradativamente à redução do peso e proporcionará bem-estar pessoal. Essa situação é essencial para a recuperação da autoestima e para a adesão ao tratamento.

Há limites, porém, até para o emagrecimento em si: corpo bonito ou magro não é sinônimo de corpo saudável. Não é coerente querer ter o corpo igual ao de outra pessoa e desrespeitar as condições de sua constituição física.

A redução da gordura corporal

O emagrecimento – induzido pelos exercícios físicos e pela restrição calórica – estimula, modifica e reduz o depósito de gordura no corpo. Ao tomar como exemplo uma partida de tênis, não podemos dizer que ocorre maior perda de gordura no braço exercitado e, sim, em todo corpo. Isso significa que exercitar determinados grupos musculares não provoca perda de gordura localizada, mas de modo relativamente uniforme. Afinal, a gordura é uma sobra que foi acumulada pelo corpo como se fizesse dele um "depósito". Quando o corpo exige energia para determinada atividade, ele vai buscar no depósito. E como é inteligente, a distribuição dos recursos e o gerenciamento dos "excedentes" também é feito de maneira inteligente.

Dica do especialista

Diversifique os exercícios físicos para aperfeiçoar a queima de gordura. A cada atividade repetida, o corpo cria uma espécie de resistência àquele estímulo. Ao praticar atividades diferentes, o aproveitamento será sempre bom.

Perda de peso inicial

A perda de peso durante a primeira semana do programa é representada, essencialmente, por perda de água corporal. Do total de peso reduzido, 70% consistem em perda de água.

Meta sugerida para perder na primeira semana: 1 kg

Observe as mudanças que serão mais aparentes em suas roupas. Provavelmente, você terá de diminuir um ou dois furos no cinto. E logo terá de diminuir a numeração das peças.

Dica do especialista

Assim que começar a perceber mudanças em seu corpo, procure abandonar as roupas antigas. Guarde apenas uma peça antiga para comparar com as roupas atuais no fim do programa. Você se surpreenderá!

Os programas modernos de emagrecimento recomendam que o obeso reduza de 5% a 10% de seu peso inicial e mantenha isso por tempo prolongado. Dessa maneira, o corpo se "acostumará" à nova configuração. Como o corpo é inteligente, ele fará os ajustes psicológicos (e emocionais) para a nova realidade. Esses ajustes envolvem a área neurológica e a fisiológica, porque o cérebro (parte neural) é quem comanda os dispositivos que disparam ou retém a fome.

Se você compreender que diferentes funções do corpo estão envolvidas no emagrecimento, conhecerá melhor a si mesmo, as mudanças que enfrentará e os novos comportamentos que surgirão e que serão o seu novo modo de vida.

A perda de peso nas primeiras semanas é mais fácil de ser alcançada. Ela é suficiente para diminuir o risco de doenças associadas, como diabetes, hipertensão arterial, alterações do colesterol, e exerce importante efeito positivo nos distúrbios psicossociais que acompanham a pessoa com obesidade.

O que são os "distúrbios psicossociais"? São aquelas situações incômodas, como o constrangimento de estar em público, ter de frequentar certos lugares ou estar diante de pessoas mais magras.

Como calcular o Índice de Massa Corporal (IMC)[1]

O cálculo do IMC é feito da seguinte maneira: divida o peso (em quilogramas) pela altura (em metros) e elevada ao quadrado.

Exemplo:

Se você pesa 80 kg e sua altura é 1,60 m, faça o seguinte cálculo:

Altura ao quadrado ($1{,}60^2$) ou 1,6 x 1,6 = 2,56

O cálculo do IMC será:

IMC = 80 ÷ 2,56

IMC = 31,25. Esse é o seu IMC.

De acordo com a tabela a seguir, o seu IMC está na faixa de obesidade grau I e apresenta risco moderado para adquirir doenças como diabetes, hipertensão, infarto, entre outras.

Sobrepeso e obesidade: diagnóstico

Depois de calcular o IMC, confira na tabela qual é a sua situação de risco.

***Tabela 1.** Classificação de peso pelo IMC*

Classificação	*IMC (kg/m²)*	*Risco de comorbidades*
Baixo peso	*< 18,5*	*Baixo*
Peso Normal	*18,5 – 24,9*	*Médio*
Sobrepeso	*> 25*	
Pré-obeso	*25,0 a 29,9*	*Aumentado*
Obeso I	*30,0 a 34,9*	*Moderado*
Obeso II	*35,0 a 39,9*	*Grave*
Obeso III	*> 40,0*	*Muito grave*

Na primeira semana é importante que você teste a condição de saúde em que seu corpo se encontra. Portanto, é hora de fazer exames.

Você já sabe que a obesidade é uma doença complexa, caracterizada por quantidade excessiva de gordura corporal. A obesidade não envolve apenas aspectos estéticos, que é a condição mais visível do problema, mas aumenta o risco de doenças.

Você lembra quais são esses distúrbios? Doenças cardíacas, acidente vascular cerebral (mais conhecido como derrame), diabetes, aumento das taxas de colesterol, pressão arterial elevada, apneia do sono, doenças das articulações, irregularidades menstruais, câncer e distúrbios psicológicos.

Quanto maior a quantidade de gordura corporal, maior o risco de apresentar tais doenças. E a maneira como a gordura é distribuída no corpo também influencia no risco de doenças.

Existem dois tipos de distribuição da gordura corporal. E eles têm nomes. Procure identificar em qual deles você se encaixa:

Obesidade central (formato de maçã)
Obesidade periférica (formato de pera)

O risco para a saúde é maior para quem se encaixar na obesidade central, quando os depósitos de gordura estão localizados na região abdominal, onde se encontram as vísceras.

A gordura abdominal aumenta o risco de a pessoa desenvolver doenças, independentemente da gordura corporal total. Isso é frequente em quem se diz magro (pernas e braços), mas tem abdômen avantajado.

Aqui, uma boa notícia: a redução da gordura corporal, mesmo em pequenas quantidades, pode melhorar ou prevenir os temidos problemas de saúde.

Simples mudanças na alimentação e aumento de atividade física constituem os princípios fundamentais para o tratamento da obesidade. Consequentemente, a redução do risco de aparecimento de doenças também ocorre.

Dica do especialista

Habitue-se a beber água, de dois a três litros por dia. Com isso, você previne a formação de pedras nos rins e prisão de ventre e ainda melhora a capacidade de excreção de substâncias danosas, como o excesso de sódio. A água é o meio de transporte dos nutrientes ao organismo e fundamental para o funcionamento dos músculos.

Exames necessários

Você deverá marcar uma consulta com um clínico geral ou endocrinologista para saber qual é o seu quadro atual. Estas são as principais informações que você deverá dar ao médico:

Problemas de saúde atuais e antigos
Antecedentes de doenças em familiares próximos
Hábitos de vida (tabagismo, sedentarismo, uso de drogas ilícitas)
Qualidade do sono e presença ou não de ronco
Funcionamento do intestino e rins
Problemas em ossos e articulações
Problemas neurológicos
Identificação de distúrbios psicológicos
Medida da circunferência abdominal e cálculo do IMC

O que foi descrito acima não se trata de exames, mas informações coletadas pelo médico durante qualquer avaliação clínica. Uma avaliação clínica deve ser feita em todos pacientes portadores de obesidade. Nessa mesma consulta, serão solicitados os exames descritos a seguir:

Colesterol
Triglicérides
Teste de função do fígado
Exame de glicemia em jejum
Hemoglobina glicada
Teste de função da tiroide
Hemograma
Testes para complementar a avaliação do coração, como eletrocardiograma e teste ergométrico (o chamado teste da esteira).

Enquanto você aguarda os resultados

Os exames não ficaram prontos ainda, mas você poderá:

1. Aprender a avaliar o Índice de Massa Corporal (veja a tabela de Classificação do IMC na página 22).
2. Suspender alimentos ricos em gordura.
3. Reduzir a ingestão de açúcar.
4. Anotar em seu diário a quantidade e os tipos de alimentos que você consome no dia a dia. Com isso, terá informações mais precisas sobre a ingestão calórica e poderá controlar o que falta e o que está em excesso na dieta.
5. Iniciar caminhadas. Andar diariamente ajudará você a preparar o corpo para a parte mais intensa do programa, quando a atividade física for mais vigorosa. Isso acontecerá em poucas semanas, portanto, não deixe para amanhã.
6. Discutir com seus familiares sobre a importância das mudanças de hábitos que fará no dia a dia: na alimentação e na adoção de uma rotina de exercícios físicos. Lembre-os que a sua atitude poderá beneficiar a todos à sua volta, especialmente as crianças.

Seja o agente que provocará a renovação mais ampla nas pessoas, no ambiente, na vida.

Lembre-se sempre: a construção de um grande e suntuoso castelo começa por um pequeno tijolo. Nesta semana você já tem alguns tijolos para começar o seu.

Diário alimentar

A primeira semana serve para você organizar a vida e os hábitos, e entrar no clima do programa *Além do Peso*.

Na área de nutrição, é essencial verificar quais são os erros alimentares que você cometia. A pergunta a ser feita é: o que eu fiz de errado?

Reflita sobre isso a partir das informações que temos dado até aqui e naquelas que ainda virão nas próximas semanas. Só depois de saber quais são os erros, você poderá corrigi-los. Isso parece óbvio, mas é assim que funciona.

Para organizar a sua nova vida alimentar, nada melhor do que escrever.

Escrever ajuda a enxergar com mais clareza as rotinas estabelecidas e a associar os melhores grupos de alimentos. Também facilita o cálculo dos valores nutricionais e favorece a memorização do novo quadro de refeições.

Você fará seis refeições diariamente a partir de agora, conforme o exemplo da **Tabela 2** (veja a Semana 2 na página 44). Para elaborar a sua dieta com valor calórico médio entre 1.800 a 2.000 kcal/dia, considere a seguinte distribuição como referência na elaboração dos pratos:

Distribuição média diária de macronutrientes:[2]

- Carboidratos: 55%
- Proteínas: 20%
- Lipídios: 25%

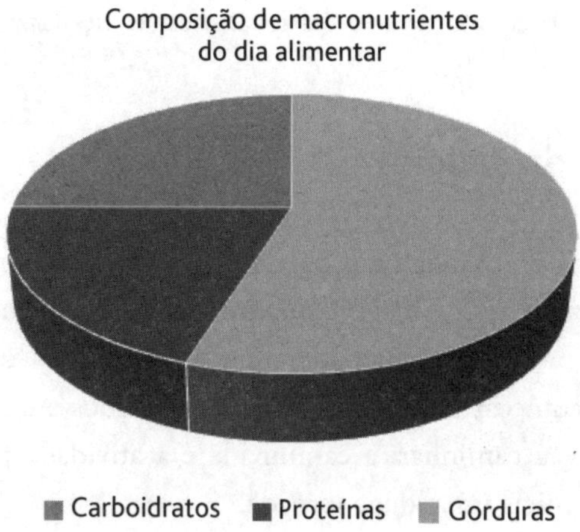

Você usará o *diário alimentar* para analisar, durante a primeira semana, os pontos que considera errados em sua dieta atual e ressaltar aqueles que são positivos e desejáveis.

Dica do especialista

Fique atento para a presença excessiva de açúcar, gordura, bebidas alcoólicas e tudo o que não for saudável nesta fase.

Uma vez identificados os principais erros, inclua alimentos saudáveis que não são consumidos com frequência. Considere frutas, verduras e legumes. Não pense somente em excluir alimentos nesse momento. Procure melhorar a qualidade nutricional daquilo que ingere no dia a dia.

Agora, preencha o seu diário alimentar no *Caderno de Atividades*.

Levante da cadeira

O programa de treinamento para as doze semanas considera que, em certo grau, há um quadro de sedentarismo. Por isso, nesta primeira semana adotaremos um padrão essencial para você começar a se mexer. E também vamos auxiliá-lo a emagrecer e a caminhar: a caminhada é a atividade perfeita para quem inicia uma longa jornada.

A Associação Brasileira para Estudo da Obesidade (Abeso) e a Organização Mundial da Saúde (OMS) recomendam 150 minutos semanais de atividade física para que uma pessoa seja considerada não sedentária. Se quiser atingir a excelência, deverá elevar para 300 minutos semanais de atividade física.

Dica do especialista

Quer saber de uma maneira muito simples para atingir esses minutos necessários? Faça pequenas caminhadas, seja dentro do escritório, em sua própria casa ou subindo escadas. Cada minuto é importante.

O programa *Além do Peso* completo consistirá nas etapas e nos passos semanais conforme o quadro a seguir. Cada uma das sessões significa que você fará atividades físicas por tempo determinado, sempre aumentando a intensidade e a duração. Essas atividades incluem: caminhadas ou corridas durante todo o programa, acrescidas de exercícios musculares.

> *A rotina de caminhada segue a evolução de dias, tempo e intensidade; as atividades musculares seguem as fases Transformar, Fortalecer e Crescer, e devem ser praticadas de duas a três vezes por semana.*

O programa foi dividido em quatro etapas:

Despertar
Transformar
Fortalecer
Crescer

1) Caminhada ou corrida livre, 2 sessões de 30 min
2) 2 sessões de 30 min = 60 min menor que 70% FCmax
3) 3 sessões de 30 min = 90 min
4) 4 sessões de 30 mim = 120 min
5) 5 sessões de 30 min = 150 min
6) 5 sessões de 36 min = 180 min maior que 70% FCmax menor que 80%
7) 5 sessões de 42 min = 210 min
8) 5 sessões de 48 min = 240 min
9) 5 sessões de 54 min = 270 min
10) 5 sessões de 60 min = 300 min maior que 80% FCmax

11) 5 sessões de 60 min = 300 min
12) 5 sessões de 60 min = 300 min

Como medir a Frequência Cardíaca Máxima

A FCmax é o número de batimentos por minuto que o coração deve produzir durante a atividade física. Para a maioria das pessoas saudáveis, esse nível está entre 60% e 75% da Frequência Cardíaca Máxima. Assim, se tiver uma FCmax de 183 batimentos por minuto (bpm), o seu limite mínimo seria 110 bpm (60% da frequência máxima) e o máximo seria 137 bpm (75% da frequência máxima).

A tabela a seguir ajuda a encontrar a sua frequência-alvo para o treino.[3]

Idade	FCM	60%	65%	70%	75%
16	204	122	132	143	153
17	203	122	132	142	152
18	202	121	131	141	151
19	201	120	130	140	150
20	200	120	130	140	150
21	199	119	129	139	149
22	198	118	129	138	148
23	197	118	128	138	148
24	196	118	127	137	147
25	195	117	127	136	146
26	194	116	126	136	145
27	193	116	125	135	145
28	192	115	125	134	144
29	191	115	124	134	143
30	190	114	123	133	142
31	189	113	123	132	142
32	188	113	122	132	141
33	187	112	121	131	140
34	186	112	121	130	140
35	185	111	120	129	139
36	184	110	120	129	138

Idade	FCM	60%	65%	70%	75%
37	183	109	118	128	137
38	182	109	118	127	136
39	181	109	117	126	136
40	180	108	117	126	135
41	179	107	116	125	134
42	178	107	116	125	133

☞

O seu sobrepeso, a partir de agora, é o seu maior inimigo. Diga a ele que o combate está apenas começando.

Saia do automático

Dentro do nosso projeto, não visamos transformar somente o seu corpo, mas queremos promover uma transformação mais ampla. Para haver essa mudança é fundamental que você perceba a si mesmo diariamente. As percepções devem estar relacionadas ao seu humor e aos seus sintomas diante de problemas. Queremos, especialmente, que você "acaricie" a sua autoestima.

Por meio de um simples exercício, você será levado a perceber o que faz bem e qual é o caminho a seguir para encontrar a felicidade pessoal. Eventualmente, perceberá situações que causam desgastes e, nesses casos, criará estratégias para resolvê-las.

Lembre-se de que você tem o controle da sua vida, das suas ações e das consequências.

Ao final de cada semana, releia desde o primeiro dia, para que perceba as mudanças (mesmo que sutis) e use-as como motivação para melhorar.

A tendência é focar naquilo que não conquistamos e nos esquecermos de valorizar as conquistas.

Portanto, ao final de cada dia, faça a atividade do *Diário da Transformação* que você encontrará no *Caderno de Atividades*.

Semana 2

Como eu me vejo e como eu quero me ver

Promover mudanças em nós, em nossas rotinas e no meio em que vivemos é uma tarefa possível. Você deve conhecer pessoas que deram a grande virada em suas vidas e hoje vivem bem, são pessoas bem resolvidas, saudáveis, bem-sucedidas.

Não há, no entanto, uma receita de sucesso para resolver todos os problemas que nos incomodam. Não existe um "manual passo a passo" que ensine como fazer isso. Mas há critérios que são comuns à maioria dos casos de sucesso: ter objetivos claros, ter alvos bem definidos, ser perseverante, ter disciplina e muita força de vontade.

Uma pessoa que sai para uma longa viagem tem um destino que foi escolhido previamente, por isso ela pode sair de sua casa e chegar aonde planejou. Até os peregrinos que saem pelo mundo "aparentemente" sem rumo têm um rumo, têm um objetivo: andar por aí e conhecer lugares e pessoas interessantes. Essa é a intenção deles.

Nosso caso não é tão diferente. Você precisa ter uma meta realizável, desejável. O vencedor da 4ª edição do programa estava muitos quilos acima de seu peso. Na entrevista que fizemos com ele, como fazemos com todos os participantes, perguntamos qual era a sua meta de emagrecimento. Ele disparou: "Cinquenta quilos!".

Uau! Era uma meta ousada, não?

Quando o Daniel venceu sua edição, confessou que não tinha uma meta definida. Disse que nunca havia pensado na quantidade de quilos que poderia perder. E, quando ouviu a pergunta feita pelo especialista, se viu num beco sem saída, porque não imaginou que tivesse que estabelecer um alvo e persegui-lo. No final daquela edição, Daniel havia perdido exatamente 50 quilos!

Na semana passada, você começou um programa que já demonstrou ser viável em sua metodologia, desde que você siga rigorosamente as instruções passadas a cada semana. Entre no espírito dessa proposta e se entregue de corpo e alma aos objetivos que deseja para a sua vida.

No final das doze semanas o seu maior prêmio será ver que valeu a pena, que você pode realizar tarefas, e se autodesafiar para metas antes impensáveis. E, ainda, que alcançou o ponto em que pode dizer: "Agora sim!".

A metodologia apresentada no livro sofreu uma adaptação em relação ao modelo do programa. Na competição, os participantes tinham de perder 1% do peso inicial a cada semana, isto é, pesar num dia da semana, calcular 1% do peso, e estabelecer nova meta semanal. Seguindo as orientações do livro, o seu ritmo será mais ameno, porque você não está competindo com ninguém. É preciso que você se sinta bem e considere que não está sendo monitorado o tempo todo, a não ser por você mesmo. É possível perder muito peso, mas queremos que você faça isso sem pressão.

Se na primeira semana você fez o despertar de seu corpo, agora o desafio começará a tomar forma.

Dica do especialista

Estabeleça suas próprias metas semana após semana. A ideia é atingir metas pequenas, uma de cada vez, para no fim chegar ao grande objetivo. Metas muito grandes podem desmotivar. A cada meta vencida cria-se mais motivação para atingir a próxima.

A importância da música

A música estimula os nossos sentimentos e as nossas ações. Assim, ela pode ser um poderoso aliado no hábito de incorporar atividades físicas ao dia a dia, pois determina a cadência dos movimentos e ainda melhora o desempenho durante a execução deles. Em função da sinestesia inerente à música, as pessoas mostram disposição para caminhada, corrida ou prática de outras atividades.

A importância da música foi comprovada em estudo da Universidade Brunel, de Londres, e publicado no The Guardian.[4] O estudo relata que pessoas que se exercitam ouvindo música podem obter ganhos 15% maiores em relação às outras, principalmente pelo fato de que, com ela, o atleta usufrui mais estímulos para a memória, além de aliviar dores.

Costuma-se recomendar músicas mais rápidas para exercícios de maior intensidade e faixas mais lentas para ajudar no aquecimento, pois o ritmo da música parece ser a chave para o controle adequado da atividade.

A ansiedade e a compulsão alimentar

Por trás do comportamento compulsivo existe, na maioria dos casos, um problema emocional. Nos quadros de depressão, por exemplo, pode haver aumento de apetite, especialmente desejo por doces, massas e frituras – ótimos estimulantes de serotonina e dopamina, neurotransmissores que minimizam os sintomas da doença.

Quando a pessoa entra em estado depressivo, o próprio corpo procura mecanismos de defesa contra a nova situação, e recorrer à compulsão alimentar é um desses recursos. Como resultado, a pessoa cria uma dependência química da comida, uma vez que os alimentos equilibram os níveis bioquímicos do cérebro. Então, sob tensão psicológica, a comida é uma boa muleta para acalmar.

A pessoa sente um "vazio interior" promovido por angústias e tristezas, resultados de uma decepção ou uma frustração. Quando se alimenta, a sensação de prazer (com doces, massas e frituras) faz com que esses sentimentos negativos diminuam a sensação de vazio. Porém, em pouco tempo (como o problema não era a falta de comida), a sensação de vazio emocional reaparece, requerendo uma nova ingestão de alimentos. Isso se torna um ciclo, que claramente leva à obesidade.

Se você notar apetite exagerado, vontade incontrolável de comer quando está triste ou frustrado, e se comer exageradamente e rápido demais, com pouca mastigação, sentindo arrependimento e tristeza após esses impulsos arrebatadores, falta de preocupação com o aumento de peso, constrangimento social e o prazer imensurável ao comer como uma "criança num parque de diversões" está na hora de mudar o rumo de sua vida. Está na hora de se amar mais.

DICA DO ESPECIALISTA

Alguns alimentos mais saudáveis podem ser substitutos de doces e frituras para regular os níveis bioquímicos do cérebro, pois também geram sensação de prazer. Banana, abacate, mel, nozes, tofu, gérmen de trigo, canela e lentilha, em pequenas quantidades, são excelentes aliados para você ser mais feliz.

Foco: você toma as rédeas

Há uma situação pitoresca usada como exemplo para nossos pacientes a fim de mostrar a eles como podemos deixar de lado pequenos cuidados que mais tarde vão interferir negativamente em nossa vida. Quantas pessoas se reúnem com amigos para comer aquela deliciosa "pizza no sábado" e, ao serem questionadas sobre qual o sabor de sua preferência, respondem com ar de orgulho: "Qualquer uma... eu como de tudo"?

Esse é um bom exemplo de como *não* nos posicionamos, como muitas vezes *não* sabemos nem mesmo o que queremos da nossa própria vida, pois não nos priorizamos.

Se pensássemos honestamente, notaríamos que sabemos, *sim*, o que queremos para nós, o que buscamos... e qual é o sabor da pizza que gostamos. Isso tem a ver com os nossos valores e objetivos pessoais, com o modo como queremos nos sentir em curto prazo.

Objetivo da segunda semana do programa: tenha metas definidas, reflita sobre suas escolhas e decisões, não siga os passos de outras pessoas. Cada um tem seu limite.

Claro que, ao viver em sociedade, haverá momentos nos quais teremos de ceder, contribuir para que as coisas fiquem bem para a maioria. Tudo bem que seja assim, desde que esses momentos não completem 100% de nossas vidas!

Nos anos de prática clínica como psicólogo, tenho visto que, à medida que o tempo passa, as pessoas se esquecem de suas próprias vidas e não procuram realizar coisas que lhes dão prazer, como *hobbies* ou projetos pessoais.

Infelizmente, constato que algumas vezes a causa desse "abandono de si" é um relacionamento amoroso frustrado, uma carreira profissional não tão bem-sucedida, uma empresa pouco preocupada com o bem-estar dos funcionários. Em outras palavras, esses pacientes estão vivendo conforme a expectativa que o mundo tem de suas vidas. Não resta dúvida de que, em pouco tempo, eles vão se frustrar, adoecer, e perderão a motivação para viver.

Nunca confie na sorte, mas sim em sua competência.
A sorte pode trair você; sua competência nunca.
Hora de agir!

Não é preciso ser adivinho para saber que há alguns núcleos fundamentais na sociedade, como família, trabalho, grupo de amigos próximos e relacionamento amoroso. No entanto, nenhum deles jamais poderá suplantar ou exigir mais de nossa energia do que o núcleo do próprio *eu*. Afinal, só quando o *eu* está bem, conseguimos lidar com os outros núcleos, mesmo quando eles estiverem em desequilíbrio. Já o contrário não pode acontecer. Se o *eu* estiver desequilibrado, será impossível estabelecer relacionamentos saudáveis com o ambiente exterior.

Resgate da autoestima

Como você notou, deve fazer parte de seus objetivos na segunda semana o trabalho de resgate de sua autoestima, porque ela é agente decisivo para alcançar metas mais ambiciosas. Pensando assim, você iniciará o processo de resgate de sua autoestima como parte do exercício de amar a si mesmo, pois somente quem se conhece bem poderá fazer melhores escolhas, tomar decisões certas e tornar-se uma pessoa realizada.

Mas o que é autoestima, afinal? Está ligada à capacidade de realização de ideais, de caminhar sozinho confiando em seu próprio senso de direção. Autoestima quer dizer que, embora vivendo em sociedade, somos seres autônomos com todas as faculdades mentais, cognitivas (capacidade de aprender) e emocionais. Assim, é preciso que cada um de nós tenha consciência disso para ter segurança na hora de tomar decisões quando nos for exigida uma posição pessoal.

Mas para que você tenha autoestima, não basta ler mensagens positivas pela manhã, frases de elevação psíquica, repetir "mantras" ditados ou escritos por quem quer que seja. Se não houver uma mudança radical e interna em seu psiquismo, que promova o equilíbrio de suas condições de vida, você poderá repetir todas as melhores frases de efeito e continuará emocionalmente adoecido.

Todo esse processo começa internamente, resgatando o amor pela pessoa mais importante de sua vida: você mesmo.

Se você não se amar o suficiente, como poderá desejar que os outros gostem de você? Se você não acreditar que pode fazer mudanças por conta própria, uma vez que tem as mesmas qualidades comuns aos outros 7 bilhões de habitantes do mundo, como poderá convencer alguém de que é capaz, é sensível, de que tem projetos de vida, alvos determinados e capacidade de superação? Primeiro você, depois as demais pessoas.

Note como existe uma inversão de valores em nossos dias. Quem vive para os outros, preocupado com o que pensarão dele, receoso de ser rejeitado, não percebe que precisa se valorizar e ter autoestima elevada, pois pensa que se descuidar desses aspectos, será forte candidato ao que mais teme: a rejeição.

Você gosta de ficar perto de pessoas depressivas? Negativas? Desmotivadas? Notou como é preciso melhorar para que o equilíbrio completo surja naturalmente? Mas a maioria das pessoas não observa isso e faz o caminho inverso, agravando a própria situação.

Olhe em volta... e se posicione

Pense sobre o que você realmente quer e o que consegue extrair de você. Será que não reconhece seus melhores valores a ponto de trocá-los por pensamentos negativos e depressivos a seu respeito?

Não é tão difícil chegar a uma conclusão acertada sobre isso. Basta olhar à sua volta e perceber como as pessoas tratam você. Fazendo isso, será fácil descobrir que pontos fracos você oferece a elas para que tratem você da maneira como estão tratando.

O comportamento das pessoas em relação a você reflete o seu próprio comportamento em relação a si mesmo. Por isso é preciso se cuidar bem, buscar prazer nas coisas mais simples, se autovalorizar. Saia do sofá ou do quarto e fuja das lamentações. Trace seus objetivos, pois a falta de metas é o grande problema de quem quer se livrar do peso extra e não consegue.

Não estamos mais na época de perder tempo buscando fórmulas milagrosas para emagrecer. Acredite: não há milagres nessa área. E lembre-se sempre: grandes conquistas necessitam de grandes esforços. No final, você verá que tudo vale a pena, cada esforço, cada superação, cada energia gasta. Estamos aqui para ajudar você!

Que tal refletir sobre essas coisas agora mesmo e começar já a priorizar a sua vida, olhar para si mesmo?

Melhores alimentos e suas funções

Depois de uma semana no programa de emagrecimento, seu corpo já deve ter percebido que será modificado. Essa modificação começará com a inclusão das cotas (porções adequadas) de alimentos para uma boa saúde e nutrição – de acordo com a pirâmide alimentar (**Figura 1**). Não há nada de novo nem descobertas de algum guru da boa forma. O que você precisa é conhecer melhor os alimentos, suas propriedades e funções.

Estamos assumindo que você está preparado para optar por uma vida de bons hábitos alimentares. Então *você precisa ser reeducado.* Coloque isso como uma de suas metas e persiga esse objetivo.

Para iniciar sua reeducação alimentar, saiba qual é a qualidade nutricional dos alimentos consumidos e procure fracionar a dieta, realizando os lanches intermediários entre as principais refeições de acordo com um dia alimentar equilibrado (**Tabela 2**).

Na **Figura 1**, você identificará os grupos nutricionais divididos por categorias, considerando uma dieta de 2.000 kcal diárias, suficiente para uma pessoa adulta manter uma vida saudável.

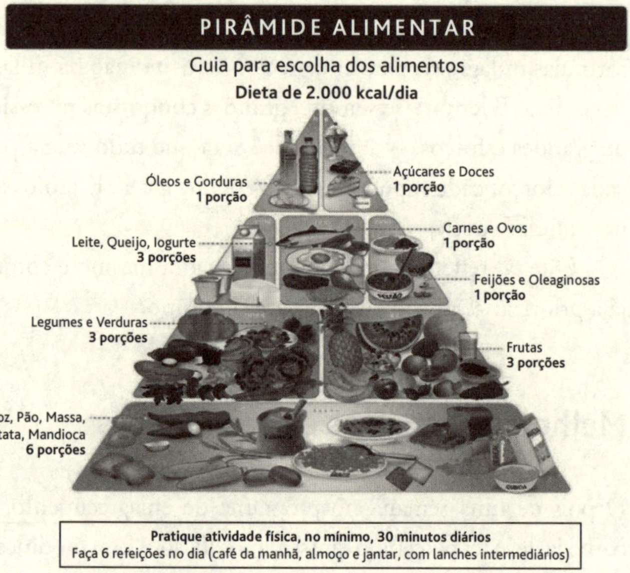

Figura 1. *Pirâmide alimentar*[5].

Em seguida, você encontrará uma opção ou um exemplo de cardápio para um dia. Imagine que a sua primeira refeição seja o café da manhã, às 7 horas. Fazendo assim, o lanche da manhã poderá ser feito às 9h30; o almoço, entre meio-dia e 12h30; o lanche da tarde, por volta das 15h30; e o jantar, entre 19h30 e 20 horas.

É importante seguir esse cronograma, pois ele ajudará você a evitar comer em excesso nas refeições principais e também a não ficar muito tempo sem alimentar-se corretamente. Comer mais vezes não significa comer mais. Comer mais vezes significa dividir a dieta diária nas horas certas para que em nenhum momento do dia você precise fazer um banquete.

Tabela 2. *Exemplo de cardápio com 2.000 kcal*

REFEIÇÃO	ALIMENTOS
Café da manhã	½ mamão papaia (1 porção de fruta) 2 fatias de pão integral (1 porção de pães/cereais) 1 colher (sobremesa) de creme vegetal (1 porção de óleos/gorduras) 1 copo (200 ml) de leite desnatado (1 porção de derivado do leite) 1 colher (sobremesa) de açúcar (1/2 porção de doces)
Lanche da manhã	1 banana (1 porção de fruta)
Almoço	1 prato (sobremesa) de salada de folhas verdes (1 porção de verduras) 2 colheres (sopa) de abobrinha refogada (1/2 porção de legumes) 4 colheres (sopa) de arroz integral (1 porção de arroz/pão/massa/batata/mandioca) 1 concha média de feijão (1 porção de leguminosas) 1 filé (100 g) de frango grelhado (1 porção de carnes/ovos)
Lanche da tarde	1 maçã (1 porção de fruta) 2 colheres (sopa) de aveia em flocos (1 porção de pães/cereais) 1 unidade (250 g) de iogurte desnatado (1 porção de derivado do leite)
Jantar	3 colheres (sopa) de escarola refogada (1 porção de verduras) 2 colheres (sopa) de cenoura ralada (1/2 porção de legumes) 4 colheres (sopa) de mandioquinha cozida (1 porção de arroz/pão/massa/batata/mandioca) 1 porção (100 g) de carne assada (1 porção de carnes/ovos)
Lanche da noite	1 copo (200 ml) de leite desnatado (1 porção de derivado do leite) 1 colher (sopa) de mel (1/2 porção de doces) 6 biscoitos água e sal integrais (1 porção de arroz/pão/massa/batata/mandioca)

Água, água, água

Um hábito benéfico que todo mundo deve adotar é beber água constantemente. Além de só fazer bem, ajuda a espantar um pouco a sensação de fome e ansiedade que você sentirá nos primeiros dias e semanas em que estiver fazendo o programa.

A água traz benefícios diversos ao corpo, à pele, às unhas, ao cabelo. E ainda contribui para que você se livre das toxinas retidas no organismo (que serão eliminadas pela urina).

Inclua em seu *diário* as quantidades de líquidos consumidos ao longo do dia, e não só de água consumida.

Obrigado, estou satisfeito

A saciedade é considerada o mecanismo inverso da fome e é importante no auxílio da reeducação alimentar. Vários fatores estão envolvidos nisso:

1. *A distensão do estômago: ocorre pelo acúmulo de alimentos ingeridos.*
2. *O tempo de permanência do alimento no estômago: depende da composição do que for ingerido. Por exemplo, quanto mais gordura tiver o alimento, maior o tempo em que ele vai ficar no estômago e, portanto, maior o tempo para o seu esvaziamento.*
3. *Hormonais: quando o alimento sai do estômago e chega ao intestino ocorre a liberação do hormônio colecistocinina que chega a corrente sanguínea e atua no centro da saciedade, localizado no cérebro. O cérebro emite um sinal para o estômago de que já há uma quantidade suficiente de alimento. Quanto mais gorduras e proteínas ingerirmos na dieta, maior a produção do hormônio e, portanto, maior o sinal de saciedade.*

Os mecanismos descritos acima se referem ao controle da ingestão de alimentos que ocorre logo após uma refeição. Entretanto, outros mecanismos que estão relacionados com a regulação da gordura corporal participam em conjunto nesse momento. O tecido gorduroso produz o hormônio leptina, que atua no cérebro e estimula o centro da saciedade e, assim, age diminuindo a vontade de comer.

Exercite-se

Na primeira semana do programa mostramos que ele foi dividido em quatro etapas, sendo que a primeira era Despertar. Ela visava levar você à preparação mental e organizacional, quando se esperava que você tivesse o entendimento de todo o processo de *adesão* e *submissão* para o combate do sobrepeso.

Agora é hora de entrar na etapa Transformar. Ela compreenderá um período que vai da 2ª à 5ª semana e, durante essa fase, você começará as atividades físicas que farão com que o seu organismo se adapte aos novos estímulos, para além de melhorar a consciência corporal.

Chegou a hora, então, de se mexer.

Veja no *Caderno de Exercícios* os modelos de como trabalhar o seu corpo nos exercícios complementares e nas sessões de caminhada ou corrida durante a etapa Transformar.

Alongar em movimento

O *alongamento* é importante para o corpo, pois avisa que ele está sendo preparado para sair de sua zona de conforto. Quando nos alongamos ou nos aquecemos, ativamos o fluxo sanguíneo, soltamos músculos e tendões, promovemos a amplitude das articulações e elevamos a temperatura do corpo. Em outras palavras, a máquina começa a funcionar.

Geralmente fazemos o alongamento ou o chamado *aquecimento estático* em que ficamos parados de 20 a 30 segundos para alongar determinados grupos musculares ou membros superiores ou inferiores. Mas outro modo de fazer alongamento vem demonstrando resultados bem mais eficazes. É o *alongamento dinâmico*.[6] Especialistas detectaram que ele traz benefícios maiores ao corpo e ainda é capaz de evitar certos problemas provocados no alongamento estático.

No dinâmico aquecemos os músculos em movimento, e não "esticando-os" tão somente. Assim, conseguimos aumentar a sua força, a amplitude de movimentos e também a flexibilidade do músculo.

Dica do especialista

Quando aquecemos os músculos em movimento é como se estivéssemos enviando uma mensagem excitatória a eles, como se quiséssemos dizer: "Ei, vocês não devem ficar parados. Movimentem-se".

Atividades físicas da Semana 2

- 2 sessões de caminhada ou corrida de 30 minutos (total de 60 minutos semanais). Você está na fase Transformar. Isso significa que os exercícios devem respeitar o limite de < 70% FCmax, ou seja, menos de 70% da frequência cardíaca máxima (a FCmax deve ser de 70% acima do seu estado de repouso).
- Inclua 2 a 3 sessões semanais de exercícios musculares, fazendo 3 séries completas.

Memorize: você fará caminhadas ou corridas em dois dias da semana e intercalará com as séries de exercícios musculares.

Dica do especialista

Os músculos precisam de 48 horas para descansar. Enquanto eles descansam, você caminha ou corre. Nada de ficar parado!

Para caminhar ou correr[7]

Horário: antes das 10h ou depois das 17h.

Duração: 30 minutos.

Ritmo: constante, 5,5 km/h (se for caminhar).

Frequência: dia sim, três dias não. Nesta segunda semana, reserve três dias da semana para descansar.

Postura: relaxado, com braços e pernas semiflexionados.

Local: agradável e seguro.

O que usar: boné, roupas e tênis confortáveis, protetor solar para o rosto e o corpo.

Hidratação no pós-treino

A reposição hídrica é essencial durante e após o exercício. A desidratação que ocorre por não ingerir líquidos em quantidades suficientes durante os treinos pode causar cefaleia, confusão mental, mal-estar, náuseas e câimbras. Situações mais graves tais como convulsões, arritmias cardíacas, coma e morte, podem acontecer em situações de desidratação mais intensa e prolongada.

Uso de diurético tende a intensificar a perda de líquidos e acentuar a desidratação se não ocorrer reposição instantânea.

Setenta por cento do peso muscular é representado por água. Como não queremos perder massa muscular, apenas gordura, os músculos precisam ser fortalecidos para que o equilíbrio corporal seja alcançado. Por isso, é preciso ingerir água.

Habitue-se a carregar uma garrafinha para onde quer que vá. Se você trabalha num escritório, pode colocar sobre sua mesa de trabalho uma garrafinha. Assim, a todo instante que olhar para ela, beberá um, dois ou três goles. Com o tempo, seu corpo pedirá água naturalmente.

E não se esqueça: faça a medição de seu peso *antes e depois* da atividade física.

Dica do especialista

- *Para obter um benefício abdominal ainda maior enquanto caminha, mantenha a barriga rígida, como se estivesse se preparando para levar um soco.*
- *Alongue-se antes e depois da caminhada.*
- *Beba água antes, durante e depois do exercício.*
- *Se quiser comer antes de caminhar, opte por alimentos leves como frutas e vitaminas.*

Semana 3

Autossabotagem: hora de enfrentar seu lado sabotador

Nesta semana, a primeira coisa que você precisa aprender é distinguir qual é seu problema real. Há momentos em que tudo, aparentemente, está contra você. São tantos os obstáculos, impedindo o seu avanço, que você quase desiste de tudo, não é mesmo? E se você se desse conta de que o maior estorvo não são os problemas externos, mas você mesmo?

Por que alguém se empenharia em atrapalhar a própria felicidade? Essa pergunta exige uma resposta convincente.

Claro que a autossabotagem não é uma decisão consciente. Acontece quando o subconsciente começa a reagir a uma quantidade de fatores externos, como medo de falhar, incerteza do que vem a seguir, falta de confiança em suas próprias qualidades.

Quem já não sentiu medo do futuro imediato quando atinge aquele objetivo que perseguiu por tanto tempo? Quem já não tremeu de ansiedade ao imaginar que pode falhar e estragar tudo? Conscientemente, todos nós só desejamos o que é bom, mas o subconsciente pode trabalhar em sentido contrário.

Apesar de não ser fácil detectar que estamos sendo vítimas da ação negativa do subconsciente, é preciso estar sempre de olho-vivo em nossas atitudes. Aos primeiros sinais de que os pensamentos negativos estão tomando conta de nós, é hora de colocar em prática dicas valiosas para tentar vencer essa ação:

1. **Comprometa-se em não desistir nos primeiros obstáculos**. É comum nos depararmos com grandes dificuldades quando decidimos fazer algum tipo de mudança. A sua decisão pode tirar você do comodismo e da procrastinação vividos há anos. Mude a sua história. Troque o "era uma vez" pelo "é desta vez".

2. **Divulgue.** Recomendo que você assuma um compromisso público das metas que deseja atingir. Não é preciso sair contando aos quatro ventos, mas poderá chamar um amigo que partilha dos mesmos objetivos para apoiá-lo e incentivá-lo a se manter firme em sua meta.

3. **Mude a maneira de falar.** Algumas pessoas repetem aquilo que não querem, como "não quero ser gordo", "não quero ser sedentário" etc. Em vez de dizer *o que não quer*, passe a dizer *o que quer*. Nossas emoções funcionam melhor com afirmações, com pensamentos positivos e motivacionais.

4. **Seja o seu "sargento Bró".** Quando notar que a sabotagem está começando, dê um *choque de*

realidade em você mesmo. Não seja conivente com o boicote. Seja mais persistente que a desculpa inventada pelo seu subconsciente. *Planeje-se*, *policie-se* e *insista com a meta.*

5. **Esteja confiante de quem você é e do que é capaz.** Ter noção da própria força interior é vital. Tome consciência de que você pode atingir todas as facetas que ela apresenta, mas isso só dependerá de você.

6. **Não deixe o medo de falhar dominar você.** Falhar é ruim. Ninguém quer falhar, mas não permita que esse medo seja a razão para você não tentar. Falhas não são o fim. Ao contrário, podem marcar o recomeço. Então, saia da zona de conforto e siga em frente.

7. **Saia do automático e "perceba-se".** O que faz você se prender àquilo que faz mal? O que faz você sentir preguiça, por exemplo? Você dorme tarde e, por isso, sente-se "mole"? Mude a rotina para alterar o padrão de sono. Detecte tudo o que "prende" você e crie recursos para combater esses obstáculos. Recrie-se.

8. **Controle a sua vida.** Assuma a responsabilidade de como você vive. É muito fácil (e infantil) culpar os outros por aquilo que não gostamos, por aquilo que não dá certo. E, sim, é difícil admitir que somos a *principal causa* de nos envolver em situações que não queremos. *Você é a única pessoa* que pode mudar a maneira como vive. Você é a única pessoa que pode dar o passo seguinte.

9. **Pratique para atingir metas.** As coisas boas e que importam de fato requerem tempo e esforço. Cada vez que tentar, você perceberá o quanto aprendeu com a experiência nova. Cada vez que tentar, você se tornará uma versão melhor e mais evoluída de si mesmo.

10. **Não se permita desanimar.** Seja feliz *agora.* Cada dia poderá ser um dia a mais ou a menos. Só depende de você!

Quando pensamos algo ruim, o corpo parece murchar. A via contrária também é verdadeira: ao focarmos coisas positivas, o corpo reage como se tomássemos um energético.

Nem tanta perda assim

A partir da terceira semana você poderá ter maior dificuldade de perceber a redução do peso corporal. Por isso, a meta foi estipulada em uma faixa mais baixa, entre 0,5 a 1 kg/semana. Como a perda varia de indivíduo para indivíduo, se você perder 0,5 kg/semana, ou pouco menos, também será considerado um sucesso.

Preste muita atenção caso o peso aumente ou não haja qualquer redução. Neste caso, será preciso reavaliar o seu programa, verificar se não houve uma "fugida" da dieta, se você reduziu a atividade física ou deixou de fazer o que foi planejado.

O período pré-menstrual poderá significar um aumento de até 2 a 3 kg. Esse ganho não significa aumento de gordura corporal, mas retenção de líquidos que ocorre por causa das alterações hormonais, próprias do período.

Dica do especialista

No período pré-menstrual e durante a menstruação, procure reduzir ao máximo os alimentos que contenham muito sódio.

O líquido retido será eliminado logo após o início da menstruação.

E lembre-se: não é hora de desanimar caso a perda de peso não seja exatamente o que você havia planejado. Retome o programa com mais concentração e esteja certo de que o peso é reduzido gradativamente.

Sudorese e temperatura

Com este programa, você está retomando as atividades físicas visando ao emagrecimento, e a sudorese aumenta por conta disso. Durante o exercício físico, o corpo perde água e sais minerais. O suor é composto, principalmente, por ureia, ácido úrico e cloreto de sódio diluídos em meio líquido.

A temperatura do corpo aumenta com o exercício de modo que a temperatura normal pode variar entre 36 °C e 37,5 °C. Um ambiente quente, que dificulte a dissipação de calor, associado ao aumento da produção de calor interno (durante o exercício), pode gerar a elevação da temperatura corporal até 38 °C ou mais.

A temperatura tem de estar dentro de limites específicos, caso contrário poderá levar à exaustão pelo calor, caracterizada por um quadro de irritabilidade, dificuldade de coordenação dos movimentos, confusão mental, convulsões e, em casos gravíssimos, coma.

É fundamental que ocorra sudorese e evaporação do suor para dissipar o calor produzido pelo exercício. Por isso, a sudorese é um importante mecanismo para resfriar o corpo e manter a temperatura dentro de valores normais.

Há grande variação individual, e também há diferença na quantidade de suor produzido entre as diferentes atividades físicas. Fatores internos e ambientais influenciam a perda de líquido pelo suor: predisposição genética, dieta, peso corporal, ventilação, temperatura e umidade do ambiente, aclimatação individual ao calor, característica da atividade (recreativa ou competitiva), duração e intensidade do exercício e, muito relevante, o tipo de roupa usada.

Se a sudorese é útil para dissipar o calor e resfriar o corpo, não podemos deixar de lembrar que ela reduz o volume de líquido do organismo. Esse líquido é fundamental para levar oxigênio e nutrientes para o trabalho muscular e, portanto, é necessário corrigir essa perda com a reposição hídrica durante todo o programa de atividade física.

A perda de líquido sem reposição adequada pode levar à desidratação. E a desidratação reduz a capacidade de desenvolver o trabalho aeróbio, além de gerar fadiga precoce e aumentar a temperatura corporal.

Como mencionado anteriormente, a quantidade perdida de líquidos pode ser avaliada pela redução do peso corporal durante o exercício. A partir da diferença do peso corporal, antes e após o exercício, é possível calcular o percentual de perda de peso e classificar o estado de hidratação. Veja a tabela a seguir:

Tabela 3. *Índice do estado de hidratação pelo peso corporal*[8]

Estado de hidratação	% Δ kg peso corporal
Hidratado	+1 a –1
Desidratação mínima	–1 a –3
Desidratação significativa	–3 a –5
Desidratação grave	> –5

O efeito da desidratação no organismo pode ser observado mesmo em quadros leves. Um por cento de perda de massa corporal aumenta o esforço cardiovascular. Notamos isso na frequência cardíaca, que pode aumentar de cinco a oito vezes. Além disso, há um acúmulo de calor produzido durante a contração muscular no próprio músculo, impedindo-o de ser dissipado. Isso aumenta o risco de complicações. Em ambientes quentes esse quadro pode se intensificar.

Falta de líquido suficiente durante o treino tende a provocar cefaleia, confusão mental, mal-estar, náusea e câimbra. Desidratação mais intensa impele a quadros mais graves como convulsão e arritmia cardíaca.

Quando ocorre diminuição de mais de 2% do peso corporal, a desidratação pode degradar a capacidade de desenvolver exercício aeróbio. Alguns especialistas indicam que redução em torno de 5% do peso corporal, principalmente se for associado a exercício de resistência, acarreta danos musculares.

O Colégio Americano de Medicina Esportiva recomenda que o consumo de líquidos deve ser próximo ao total de líquidos perdido durante o exercício na forma de suor. Aqui, sugerimos uma adaptação das recomendações gerais sobre a quantidade de líquidos que devem ser ingeridos antes, durante e após o exercício para indivíduos saudáveis, sem alterações das funções renais.

1. Ingerir em torno de 500 ml de líquidos nas duas horas que antecedem um exercício. Isso promove a hidratação prévia adequada e provê tempo suficiente para excretar a água ingerida em excesso.
2. Durante o exercício, inicie a ingestão de líquidos logo no início e repita a cada 15, 20 minutos. O objetivo é repor toda a água perdida pela sudorese e consumir uma quantidade adicional. Em geral, essa quantidade fica entre 150 a 350 ml de água ou repositores de energia, conforme a necessidade, a partir do início do exercício.
3. Recomenda-se que os líquidos estejam em temperatura mais baixa que o ambiente (entre 15 a 22 °C).
4. Após o exercício, beber mais água, se desejar.

A dor existe

Você encarou sua primeira semana de exercícios, estava motivado e vislumbrava sua nova etapa de vida, seu novo corpo, sua nova história.

No passado, prometeram a você que as atividades físicas produzem efeitos positivos e estimulantes, mas você só consegue lembrar as dores que sentiu como resultado da malhação.

Alguém já disse que "a dor é temporária, mas a glória é para sempre". É verdade. Quem nunca se sentiu motivado com as campanhas da Nike, *No Pain No Gain* [Sem dor, sem ganho], ou da Adidas, *Impossible is nothing* [Nada é impossível]?

Agora você tem um corpo em movimento, porque aquele indivíduo sedentário e prostrado faz parte do passado. Agora você treina várias vezes por semana e, sim, sente dores, dores do bem, do desenvolvimento corporal. Agora você é um atleta, sua competição é contra a balança, e nossa batalha é contra ela.

Grande parte das pessoas apresenta dores musculares ao iniciar exercícios físicos após longo período de inatividade ou mesmo ao exercitar um novo grupo muscular ainda não estimulado pelo programa de treinamento. Essa dor pode persistir por várias horas depois do treino e até mesmo se alongar por três a quatro dias. A intensidade da dor dependerá da intensidade e da duração do esforço muscular. Exercício de maior intensidade utiliza grandes estoques de energia e pode produzir uma substância chamada ácido lático, que se deposita na musculatura. O depósito de ácido láctico é responsável, em parte, pela dor observada no pós-treino.

Veja no *Caderno de Exercícios* as atividades, a intensidade e a duração do trabalho físico para esta semana.

Informações extras: sudorese[9]

- 70% do peso muscular é representado por água.
- Se não conseguirmos equilibrar a temperatura dentro de limites específicos, resultará na exaustão pelo calor – *heat exhaustion* –, caracterizado principalmente pelo comprometimento do sistema circulatório, cardíaco e neurológico. Surge quadro de irritabilidade, dificuldade de coordenação dos movimentos, confusão mental, convulsões e coma, frequentemente observado em finais de grandes competições.
- A desidratação por não ingerir líquidos em quantidades suficientes durante os treinos pode levar a: cefaleia, confusão mental, mal-estar, náuseas, câimbras. Situações mais graves tais como convulsões, arritmias cardíacas, coma e morte podem acontecer em situações de desidratação mais intensa e prolongada.
- Composição do suor: mistura de cloreto de sódio (responsável pela manutenção de balanços eletrolíticos), água, cresol, ureia e dejetos de nitrogênio.

Semana 4

Bombardeio de informações positivas

Nunca tivemos tanta informação disponível sobre todo e qualquer assunto. Como consequência, surgiram também os "especialistas" em tudo. Navegue cinco minutos nos blogs e você terá dicas sobre moda, alimentação, educação, religião, sucesso profissional... a lista não tem fim.

Do lado de cá do monitor, continuamos as mesmas pessoas e, como tais, somos esponjas de emoção. Os nossos sentidos absorvem e produzem sensações variadas, e tudo isso interfere diretamente no corpo e na condição física.

Veja um bom exemplo do que estamos falando. Quando escolhemos assistir a um filme do gênero drama, no final é provável que estejamos com angústia, um tanto quietos, cabisbaixos e reflexivos. Ao contrário, se assistirmos a uma comédia ou a um filme de aventura, o nosso comportamento será completamente outro: estaremos falantes e empolgados. Isso se aplica a um bom número de situações cotidianas.

Por isso, é preciso gerenciar as emoções e ações constantemente, de modo a sermos envolvidos em atividades (do entretenimento até o trabalho profissional) que nos deem o máximo de estímulos positivos em ambientes igualmente positivos.

Pessoas sabem gerenciar empresas, família, projetos, mas poucas são as que gerenciam a si mesmas.

Nesta etapa do programa, sugerimos a você que selecione quem seguir nas redes sociais quando o assunto são dietas, atividades físicas e qualidade de vida. É aconselhável escolher pessoas que estejam tentando transformar seus corpos, estejam motivadas, pensando positivamente, com currículo suficientemente bom para fazer o que fazem.

Leia, compartilhe, viva esse momento e permita que essas sensações invadam o seu campo emocional. Essa dica pode dar a você momentos de grande euforia e ânimo, mas acredite que é uma dica muito séria.

A partir do momento em que você se expuser a informações sobre uma vida saudável, mais você se sentirá parte dessa nova realidade que tanto deseja. Essa será a sua verdade, sua nova vida. Comece a experimentá-la.

Não há nada que resista a uma boa dose de persistência.

Por que tanta comida

A compulsão alimentar é um distúrbio que se caracteriza pela ingestão excessiva de alimentos (mesmo quando não temos apetite), decorrente de um desiquilíbrio no mecanismo de fome e saciedade. O indivíduo que sofre desse mal não ingere apenas alimentos com alto teor calórico, mas "qualquer" tipo de alimentos em grande quantidade.

Geralmente, o consumo acontece sem a menor preocupação de apreciar o sabor dos alimentos: a pessoa come tudo rapidamente, não mastiga direito e engole nacos respeitáveis do que estiver à mão de uma só vez.

A sensação de saciedade está comprometida nessas pessoas, que buscam comer em intervalos muito curtos. Consequentemente, ganham peso, e a obesidade é o próximo estágio. Esse comportamento pode estar associado a quadros de depressão e ansiedade.

Logo após a ingestão de alimentos, o corpo libera serotonina, um neurotransmissor – componente químico que atua no cérebro. Essa liberação costuma ocorrer após o consumo de alimentos ricos em triptofano (aminoácido) e carboidratos. Uma vez liberada, a serotonina desencadeia sensação de prazer, euforia e bem-estar.

Em vez de sentar à mesa, o indivíduo também pode atingir esse estado prazeroso com atividade física. O exercício é um potente liberador de endorfinas, hormônios relacionados ao prazer. Elas são liberadas gradualmente, dependendo do exercício, e o bem-estar persiste mesmo depois de interrompida a atividade física.

Fazer uma atividade física programada e frequente colabora para a sensação de bem-estar e funciona como excelente apoio ao tratamento do indivíduo com compulsão alimentar.

Dica do especialista

Mastigue bem os alimentos, sem pressa. Agindo dessa forma, você dará tempo de o organismo emitir sinais de que está alimentado, e a saciedade virá mais cedo.

É preciso amar... a si mesmo

Quando você procura um programa de emagrecimento como saída para a vida sedentária, está dando um importante passo na direção certa, reconhecendo que precisa cuidar de si mesmo de maneira global. Ao tomar tal atitude, já começou a colocar metas e objetivos reais no dia a dia.

Amar algo ou alguém é vital, mas amar a si mesmo é igualmente importante. E isso nada tem a ver com o rótulo de "egoísta". Não se deve deixar de lado as próprias vontades e necessidades para se dedicar a fazer o que outros querem. Não é saudável.

O egoísta é um ser vazio e solitário, que precisa sempre de coisas e pessoas que preencham o seu vazio, enquanto amar a si mesmo é priorizar o equilíbrio interior, o que não precisa ser feito em detrimento de outras pessoas.

Existem algumas situações corriqueiras que demonstram a necessidade de priorizar o amor próprio, mas que nem sempre são notadas na correria do dia a dia. Exemplos:

- Como uma mãe dará educação, amor e equilíbrio ao seu filho, se não priorizar as coisas certas e se não estiver bem consigo mesma?

- Como um gerente comandará a sua equipe, buscando metas ambiciosas e atingindo resultados expressivos, se não estiver centrado?
- Como uma pessoa poderá escolher um(a) parceiro(a) com qualidades necessárias para um relacionamento maduro, se não gostar de si mesmo?
- Como um professor formará cidadãos, que produzirão frutos no futuro, se não estiver de bem com ele mesmo?

A verdade é que não estamos acostumados a priorizar a nossa própria vida.

Quando você vive intensamente para outra pessoa, porque tem a sensação de que poderá ser rejeitado ou abandonado, está cometendo um grande equívoco. Quanto mais nos sentimos frágeis e dependentes, menos poder de avaliação, seleção e decisão para assuntos profissionais, amorosos e sociais nós temos. Se eu decidir mal, decidirei contra mim. Se decidir errado, tais erros se voltarão contra mim no futuro.

Está com câimbra? Respire

Nesta semana de atividades físicas e transformações, nós queremos que você dê atenção a dois aspectos importantes: respiração e câimbras.

Toda vez que você iniciar um exercício de intensidade leve a moderada, ocorrerá um aumento linear da ventilação pulmonar, que chamamos frequência respiratória. Isso ocorre para suprir as necessidades de consumo de oxigênio em função do trabalho muscular. Durante o exercício, os músculos serão requisitados a contrair e relaxar de forma coordenada e intensa, e esse trabalho consumirá o oxigênio que está na corrente sanguínea.

Com isso, o pulmão será obrigado a trabalhar num ritmo mais acelerado para suprir a nova necessidade muscular. Quanto maior o trabalho muscular, maior o consumo de oxigênio e maior a frequência respiratória. É por isso que durante qualquer atividade física, ficamos com a respiração ofegante.

Procure horários adequados para se exercitar, levando em conta picos de poluição (horário do *rush*) e evitando locais públicos como avenidas movimentadas ou próximas a locais com muita fumaça. O ar que você respira durante as atividades contribui para a qualidade dos exercícios físicos que executa.

Já as câimbras são contrações musculares súbitas, localizadas, involuntárias, contínuas e dolorosas, que podem surgir em qualquer músculo do corpo. São mais frequentes durante a noite, durante exercícios físicos extenuantes e em pessoas que não têm condicionamento físico adequado.

Apesar de os mecanismos que ocasionam a câimbra não serem totalmente conhecidos, a desidratação, a diminuição de sódio e/ou potássio no sangue, os baixos níveis de cálcio, a baixa oxigenação e o aumento da excitabilidade dos nervos locais podem contribuir para seu surgimento.

Existem dados relacionando câimbras à carência de certos nutrientes, especialmente o magnésio.

Dica do especialista

Vegetais de folhas verdes escuras, como couve, espinafre, agrião, rúcula e escarola, e também feijão, lentilha, grão de bico e cereais integrais contêm bom teor de magnésio. Inclua-os na dieta.

A prevenção é feita com alongamento, fortalecimento muscular, correção do desequilíbrio dos eletrólitos e hidratação. No momento da câimbra, a oxigenação é muito importante; portanto, procure interromper a atividade e respirar profundamente. Faça, ainda, alongamento ou massagem no local.

Semana 5

Família, um amor que pode atrapalhar

É comum o relato de obesos dando conta da dificuldade que sentem para receber apoio de familiares quando assumem a decisão de emagrecer. Porque ela envolve a adoção de novos hábitos e às vezes isso depende, também, da colaboração de pessoas mais próximas. E é justamente nesse momento, em que têm as primeiras conquistas, que podem se sentir desamparados.

Provações tendem a ocorrer quando:

- a mãe pensa que a melhor maneira de demonstrar afeto é fazendo "aquele almoço" com todos os pratos mais gostosos e engordativos;
- o marido ou a esposa ciumento(a) que prefere ver o cônjuge gordinho e com baixa autoestima a fim de mantê-lo sob controle.

São vários os fatores que "conspiram" contra a sua disposição legítima de emagrecer. Ninguém, no entanto, pode se deixar abater nem tomar a família como "desculpa" para desistir dos planos de ter uma vida saudável. Ao contrário, a resistência a esses efeitos contrários pode servir de motivação para seguir em frente e até transformar a rotina de todas as pessoas ao redor (veja os *Depoimentos de participantes*).

A seguir, você encontra algumas dicas para driblar as barreiras familiares contra a sua decisão de emagrecer.

Hora H

Reúna a sua família para uma conversa direta e fale sobre a sua atual situação. Informe o que está fazendo para mudar as coisas, diga quais são os seus objetivos e quais serão os benefícios que conquistará. Fale também sobre a importância do apoio deles para que você não se prejudique.

Você em primeiro lugar

Seja firme se precisar dizer não quando sua mãe ou cônjuge servir aquele almoço delicioso e calórico, ou quando a sua irmã estiver comendo um saboroso bolo na sobremesa. Isso não será uma desfeita e, para não haver nenhuma chateação, explique que você não pode abrir exceções e tentar sabotar a si mesmo, pois você é a única pessoa capaz de mudar a sua rotina.

Lembre-se: talvez eles façam você desistir.

Festas em família

Você não precisa ser antissocial e recusar cada convite que receber para ir às festas que a sua família ou seus amigos fazem. Mas experimente comer antes de sair de casa para não sentir fome quando estiver com as pessoas do seu círculo mais próximo. Se tiver vontade de beliscar alguma coisa, opte por alimentos menos calóricos e modere na quantidade.

Compartilhe

Assim que os primeiros resultados do seu processo de emagrecimento aparecerem, comemore e mostre aos seus parentes e amigos, incentivando-os a também adotarem hábitos mais saudáveis. Mostre que não é difícil mudar a rotina e que os resultados são gratificantes. Apresente sua nova alimentação, além de convidá-los a se exercitar com você.

Alimentação ajuda a emagrecer

O padrão alimentar ao redor do mundo sofreu forte influência do estilo de vida moderno e agora é normal que as refeições sejam feitas fora de casa. Isso inclui lanches e o consumo de alimentos industrializados. O resultado foi o aumento da população de obesos.

O nível da qualidade da alimentação piorou. Hoje, ela é predominantemente composta por produtos gordurosos, com baixo consumo de cereais integrais e aumento na ingestão de açúcares, doces e bebidas açucaradas.[10] É isso o que você gosta? Pois esses cardápios devem fazer parte do seu passado!

A consequência desse tipo de alimentação é a deficiência em nutrientes, o que significa escassez de vitaminas e minerais. Então, você que está interessado em emagrecer deve saber que o consumo adequado de micronutrientes é essencial para a manutenção de diversas funções metabólicas do organismo.

Estudos realizados em população obesa correlacionam a obesidade com deficiência de alguns nutrientes na alimentação – vitaminas A, C, E e D, cálcio e zinco. Esses nutrientes participam de processos metabólicos que estão envolvidos tanto na causa como no controle do excesso de peso. Podem contribuir, portanto, para a prevenção e redução do peso corporal (veja na *Tabela de Nutrientes* algumas fontes e funções desses nutrientes).

A armadilha em que as pessoas costumam cair é que as dietas de emagrecimento com menor quantidade de alimentos podem ser deficientes de suplementação[11] de vitaminas e minerais. O resultado é que você fica fraco, desnutrido e... não emagrece!

Tabela 4. *Os nutrientes e suas diferentes funções*[12]

Nutriente	Fonte	Função
Vitamina A	Fígado, ovos, manteiga Cenoura, espinafre, brócolis	Funcionamento da tireoide Antioxidante, funções reprodutivas Integridade da pele e mucosa, visão Crescimento e desenvolvimento dos tecidos
Vitamina C	Frutas cítricas, frutas amarelas e verdes Tomate, batata-inglesa e batata-doce Alho, repolho, brócolis	Oxidação de gordura Antioxidante, cicatrizante Ossos, cartilagem, colágeno
Vitamina D	Peixes, carnes, ovos Leite e derivados Manteiga e margarinas enriquecidas Levedo de cerveja	Saciedade, gasto energético Absorção de cálcio e fósforo Resistência aos músculos, nervos, ossos e dentes
Cálcio	Leites e derivados Beterraba, hortaliças verdes Aveia, feijão Gema de ovo	Termogênese e processo lipogênese/lipólise Ossos e dentes Condução de impulsos nervosos Contração muscular, coagulação sanguínea
Zinco	Grãos integrais, castanhas Ervilha, lentilha, feijão Carnes magras, frutos do mar, leite Semente de abóbora, nozes	Regulação hormonal (insulina e leptina) Maturação sexual masculina Formação de tecidos Sistema imunológico

Sono e ganho de peso

Existe relação entre o aumento do IMC e o tempo de sono diário. Pesquisadores observaram a influência do período de sono sobre o apetite, a saciedade e, consequentemente, a ingestão de alimentos.

Pessoas que dormem cerca de oito horas por noite reduzem seu estado de estresse e têm o dobro de chance de emagrecer e manter-se em boa forma física. Um estudo realizado nos Estados Unidos[13] analisou a associação entre o sono, o estresse e o sucesso na adesão de um programa para perder peso.

O grupo de pessoas que dormiam menos de seis horas ou mais de oito horas por dia mostrou menor chance de redução do peso corporal do que aqueles que dormiam entre seis e oito horas por dia. O estudo mostrou também que o curto período de sono diário (menos de 6 horas), associado ao estresse, exacerbou o efeito negativo sobre o emagrecimento (veja outras informações em *Saiba Mais*).

Dica do especialista

Quem for submetido a uma dieta de restrição calórica deve ser encorajado a dormir de sete a oito horas diariamente.

Cuide muito bem da pessoa mais importante para sua vida.
Aquela que dará força, sabedoria e motivação
para você romper as barreiras que a vida colocará
diante do seu caminho.
Enfim, CUIDE BEM DE VOCÊ!

Saiba mais

As lesões musculares são a causa mais frequente de incapacidade física na prática esportiva. Veja as mais comuns.

Estiramento. Afeta poucas fibras musculares e é causado por alongamento excessivo dessas fibras. Pode ocorrer tanto em atletas como em não atletas. O estiramento afeta músculos mais sujeitos às forças de aceleração e desaceleração, tais como isquiotibiais, reto femoral, bíceps braquial, quadríceps e gastrocnêmios. A lesão causa dor à contração e ao alongamento passivo, pode ocorrer edema (inchaço) pequeno, discreta hemorragia, mas não há perda da função muscular, pois a lesão do tecido é pequena.

Ruptura parcial. Afeta a parte maior do tecido (entre 5% e 50% do músculo). Na maioria das vezes é causada por uma contração de intensidade máxima e ocasiona edema, dor que piora contra a resistência muscular, hemorragia moderada e funcionamento muscular limitado pela dor intensa.

Ruptura total. Ruptura completa das fibras musculares que pode ser visível ou palpável por um profissional treinado. Apresenta-se com muito edema e hemorragia e com perda completa da função muscular.

Prevenção

Algumas atividades consideradas "excelentes", como alongamentos antes e depois da atividade física, têm sua validade contestada em recentes estudos. O fortalecimento da musculatura dos adutores e dos isquiotibiais ajudou a reduzir o número de lesões em atletas. O aquecimento e o alongamento têm sido sugeridos como recursos na prevenção desta lesão.

Dica do especialista

Os ortopedistas orientam, logo após a lesão muscular, adotar o conhecido protocolo PRICE[14]:

P – *Protection – proteção do local*

R – *Rest – descanso*

I – *Ice – gelo*

C – *Compression – compressão*

E – *Elevation – elevação do membro afetado*

E seu sono, como vai?

A associação do sono com a obesidade não está muito clara ainda, porém, alguns fatores relacionados ao ganho de peso podem ser afetados pelo tempo que se passa dormindo. Veja:

Leptina[15], hormônio produzido principalmente pelo tecido adiposo, é o responsável pelo controle da ingestão alimentar. Atua no cérebro e exerce importante papel na sensação de saciedade e na diminuição do apetite. Seu pico de liberação ocorre durante a noite e nas primeiras horas da manhã.

Grelina, hormônio produzido principalmente pelas células do estômago, do duodeno e em estruturas cerebrais. Ele aumenta nos períodos de jejum e desencadeia a sensação de fome antes das refeições, após um período de jejum. Mas existem evidências científicas indicando que a grelina pode ter um papel na indução do sono. Esse papel não está bem esclarecido, porém, acrescenta dados para suportar a relação "sono e obesidade".

Além desses hormônios, veja o que mais pode colaborar para a obesidade:

- pouco sono, maior cansaço no dia seguinte e, portanto, menor disposição para realização de exercícios físicos;
- maior tempo acordado, mais oportunidade para buscar alimentos fora dos horários recomendados para refeições;
- refeições extras estão associadas à ingestão de alimentos com alto teor energético, principalmente no período noturno (o famoso "ataque à geladeira durante a madrugada").

Parabéns!

Se você chegou até aqui é porque superou
o difícil estágio do sedentarismo.

Parou para pensar que até bem pouco tempo
(apenas 5 semanas) você não tinha sequer disposição para
sair do sofá e ficava se lamentando?

Agora é hora de seguir em frente e continuar a
transformação.

Acredite!

Semana 6

Lance um desafio para atingir a sua meta

Celebre, você alcançou a 6ª semana!

Agora, você ingressa numa fase do programa em que a prática de novos hábitos já faz parte de sua vida. Portanto, é hora de lançar um desafio para aprimorar a sua meta.

Sugerimos que você faça uma aposta com algum familiar – mas não vale apostar um almoço na churrascaria – e convide um amigo para realizar atividades físicas a fim de mostrar a ele que é possível deixar de lado o sedentarismo, assim como você deixou.

Talvez você não tenha percebido, mas as pessoas estão observando as mudanças ocorridas em sua rotina. Assim, você está se tornando uma referência para os outros e, como consequência, tem mais responsabilidade (e motivação), para seguir em frente e ajudá-las a tomar a mesma decisão que você tomou. Afinal, a marca das 5 semanas já foi superada. O seu sedentarismo está distante há 35 dias de você. Veja-o pelo retrovisor e siga em frente.

Três dicas para incluir no dia a dia: escolha um lugar adequado para treinar; identifique o que desmotiva você; desenvolva recursos para combater a tristeza.

Mais músculos

A 6ª semana coloca você na Etapa 3 do Programa. Você superou o que talvez seja a parte mais difícil e pesada da proposta, que é sair do sedentarismo e colocar corpo, mente e músculos em movimento.

Você já transformou o sedentarismo em movimento. Agora é hora de fortalecer, firmar as conquistas para avançar com mais vontade, segurança e solidez. Há muita coisa a ser feita e vamos aproveitar o embalo que você conseguiu empreender até aqui para levá-lo às próximas etapas.

A fase de fortalecer compreende da 6ª à 9ª semana. Durante essas quatro semanas você desenvolverá a força muscular por meio de exercícios específicos.

É hora de ganhar músculos.

O treino de força

Um indivíduo forte e saudável está sempre pronto para enfrentar os desafios e superar os reveses. Quando fortalecemos o corpo, estamos fortalecendo os músculos. E também nossa capacidade de suportar o estresse.

A fase de adaptação dá sustentação necessária para as demais fases do treinamento. O principal objetivo do treino de força não é o aumento imediato da musculatura, mas uma adaptação progressiva de sua anatomia. Não adianta exigir muito de um músculo que está adormecido, pois, só para fazer uma comparação, assim como não é possível colocar um sofá de três lugares em uma quitinete, não é viável aumentar o músculo se não houver preparo físico adequado.

Um volume maior de treino com cargas baixas e médias ajuda na adaptação dos tecidos musculares, tendões e ligamentos e, assim, prepara o corpo para um programa mais desafiador nas fases seguintes do treinamento. Uma fase de adaptação estruturada vai melhorar a coordenação intermuscular (equilíbrio, coordenação e sequências de ativação neurológica), aumentar a estrutura mineral óssea e a proliferação do tecido conectivo que envolve as fibras musculares.[16]

Duração dos treinos aeróbios

Semana 6 – 5 sessões de 36 minutos = 180 minutos por semana

Semana 7 – 5 sessões de 42 minutos = 210 minutos por semana

Semana 8 – 5 sessões de 48 minutos = 240 minutos por semana

Semana 9 – 5 sessões de 54 minutos = 270 minutos por semana

> 70% FCmax < 80%

Queima de calorias

O tratamento convencional de quem está com excesso de peso requer grandes mudanças comportamentais. Não surpreende, portanto, que cada vez mais pessoas procurem produtos com o objetivo de acelerar a perda de peso sem sacrifícios. Entre eles estão os conhecidos como termogênicos, cuja finalidade é induzir a termogênese, responsável pela produção de diversos hormônios e de calor decorrentes da energia liberada por reações químicas no organismo. São substâncias que aumentam a temperatura corporal para queimar calorias e reduzir a gordura.

Entre os compostos que contêm substâncias termogênicas estão a efedrina e a cafeína. A efedrina está presente na fórmula de alguns suplementos. Potente estimulante do sistema nervoso e cardiovascular, é usada para acelerar a perda de gordura e intensificar a sensação de "pique" durante o exercício ou o treino. A literatura científica, porém, não tornou evidente os benefícios dessa substância sobre o desempenho durante o exercício físico, mas mostrou que pode levar a efeitos adversos como aumento da pressão arterial, insônia, cefaleia, vertigens, arritmia cardíaca, infarto do miocárdio, acidente vascular cerebral e morte.

A cafeína é encontrada naturalmente em grãos de café e cacau, chás, guaraná, chocolate, bebidas à base de cola e sob a forma de comprimidos. Estimula o sistema nervoso central e, quando ingerida acima de 1,5 g ao dia, pode desencadear agitação, cefaleia, insônia, irritabilidade, aumento da frequência cardíaca e da pressão arterial. Na célula gordurosa, a cafeína ativa uma enzima que promove a lipólise, processo de degradação de gordura, transformando-a em ácidos graxos e glicerol.

Um estudo realizado no Japão que utilizava chá verde, rico em cafeína e catequina, mostrou aumento no gasto metabólico no período de 24 horas e na oxidação de gorduras. Quando foram usadas quantidades equivalentes de cafeína (administradas isoladamente) não produziram o mesmo efeito. Provavelmente, a resposta mais significativa se deve à interação da cafeína com outros componentes, como os polifenóis, do chá verde.[17]

O que comer

Aliar a alimentação à prática de atividades físicas é essencial, porque o consumo de proteínas e carboidratos garante uma boa performance. As proteínas auxiliam no desenvolvimento e na recuperação muscular. Os carboidratos fornecem energia para a prática esportiva e também são auxiliares no momento de recuperar os músculos.

Semana 7

Controle o estresse para não interferir em suas metas

O estresse não pode ser evitado. Pode ser controlado, administrado, simplesmente. A grande fonte geradora de estresse está dentro de nós mesmos. Somos nós que nos impomos metas que depois não conseguimos alcançar, e a frustração que isso causa gera estresse:

- queremos vida mais saudável, mas não mudamos nossos hábitos;
- queremos empregos melhores, mas não nos preparamos para eles;
- queremos adquirir bens sofisticados, mas não economizamos, só gastamos com coisas dispensáveis;
- queremos fazer viagens, mas não temos disciplina para juntar recursos e não nos programamos.

Somos nós, no fundo, que acumulamos frustrações que, depois, nos afetarão diretamente. Existe uma regra fundamental para viver melhor: você só deve se estressar e ficar incomodado com coisas realmente muito importantes.

Escreva no alto de uma folha em branco:

COISAS COM AS QUAIS REALMENTE PRECISO FICAR ESTRESSADO

Escreva em letras grandes, de modo que você use a primeira página apenas para essa frase, como se fosse a capa desse projeto.

Nas seguintes, escreva os fatores que promovem situações que estressam você. Escreva o nome do problema e, em seguida, entre cinco e dez linhas sobre esse primeiro fator estressante, descrevendo, ainda, em qual aspecto ele consome suas energias (e paciência) e quais as possibilidades existentes para resolvê-lo.

A não ser que seja um caso de doença (que foge ao nosso controle), você perceberá que, quando encaramos o problema, tendemos a desenvolver formas de resolvê-lo. O que acontece na maioria das vezes é que apenas pensamos no que nos atormenta e sofremos por isso. São poucas as vezes em que focamos em sua solução. Este exercício pretende fazer com que você se coloque frente a frente com o que o incomoda.

Depois que fizer a primeira parte do exercício, queremos que escreva novos fatores estressantes. Escreva de quatro a cinco por página.

Você poderá perceber duas coisas:

a. A maioria dos fatores que denominamos estresse tem solução. Note que você alimentou esse problema como se fosse um monstro. Um monstro avassalador e invencível, mas fantasioso.

b. Dificilmente você conseguirá citar cinco fatores realmente estressores. E, então, deixará algumas folhas em branco.

As coisas que merecem que você se preocupe com elas, que causam danos de verdade à sua saúde emocional e física, são muito poucas.

Quando você se der conta disso, mudar o foco e ampliar as percepções, vai se estressará comparativamente menos e viverá muito mais leve. Você terá maior motivação para seguir em frente e menos justificativa para ficar prostrado ou prorrogando as mudanças que sua vida merece.

Agora faça o exercício e depois se mexa.

Obesidade e deficiências nutricionais

O estilo de vida moderno influencia hábitos alimentares como refeições realizadas fora de casa em substituição das tradicionais, aumento do consumo de lanches e alimentos industrializados, entre outros. Esse padrão alimentar, se não for muito bem planejado, favorecerá o consumo de alimentos compostos por ingredientes muito gordurosos, com baixo teor de fibras e grande quantidade de carboidratos (como pães, massas, açúcares, doces e bebidas açucaradas).

Consequentemente, a alimentação apresentará deficiência em nutrientes, isto é, escassez de vitaminas e minerais.

Dietas para emagrecimento com redução na quantidade de alimentos podem necessitar de suplementação de vitaminas e minerais. Essa suplementação deve ser indicada por médico, pois o excesso de algumas vitaminas e minerais pode ser nocivo ao organismo.

Emagrecer reduz riscos

O tecido adiposo não é um simples reservatório de energia. É conhecido como um órgão endócrino que regula o balanço energético e secreta várias substâncias, denominadas adipocinas. Elas podem contribuir para o surgimento de aterosclerose (depósito de gordura nas paredes dos vasos), diabetes, hipertensão e resistência à insulina produzida pelo pâncreas. Quanto maior o depósito de gordura corporal, maior será a secreção de adipocinas e, portanto, maior o risco de desenvolver doenças cardiovasculares e diabetes.

O corpo apresenta diferentes tipos de gorduras: tecido adiposo visceral, subcutâneo abdominal, subcutâneo gluteofemoral e intramuscular. Cada tipo apresenta grau metabólico e endócrino diferenciados. O tecido adiposo visceral é o mais ativo quanto à produção de adipocinas e de maior risco para o desenvolvimento de doenças como o diabetes. A redução da gordura visceral é importante, então, para reduzir a incidência de doenças graves.

Semana 8

Autoconhecimento: a base para seguir em frente

Ao chegar à 8ª semana do programa de emagrecimento, você já está sentindo o gostinho de ter transformado a sua vida e pode desfrutar uma sensação de liberdade por perceber quanto tempo ficou preso a uma crença sem fundamento de que não seria capaz de mudar sua condição física.

Neste período de transição é importante que você saiba quem você é agora, e para isso precisa ampliar o grau de autoconhecimento. Deve fazer questionamentos sobre suas atitudes, suas reações, seus impulsos, mesmo aqueles que pareceram incompreensíveis no momento em que aconteceram. Faça perguntas como: "Por que fiquei muito triste com tal fato?" ou "Por que fiquei extremamente alegre com aquela situação?".

Você precisa entender o que move suas emoções, seus sentimentos, suas ações e reações. À medida que você passar a se conhecer melhor, sua capacidade de entender as atitudes dos outros aumentará substancialmente. Você será capaz, então, de absorver aquilo que é bom e o que não serve para o seu bem-estar. Conseguirá compreender o que é seu e o que pertence ao outro.

Crescemos em uma sociedade que espera algo de nós. Nossa família espera algo de nós. Nossos amigos esperam algo de nós. Nosso vizinho espera algo de nós. Agora é o momento de você pensar:

"Isso é meu ou é do outro? Essa atitude é realmente minha ou é para suprir a expectativa que o outro tem a meu respeito? Esse comportamento me deixará realmente feliz ou estou dizendo que ficarei feliz para suprir a expectativa que o outro tem a meu respeito?".

Por vezes, preparamos algo para comer – e comemos de maneira desenfreada – só para suprir um vazio interior. Às vezes também nos deparamos com um comportamento não condizente com a nossa realidade, nos damos conta de que vivemos para agradar o outro, deixando de lado nossos desejos, nosso prazer.

Você só será feliz se dedicar tempo e energia para preencher as "suas expectativas", não aquelas que os outros esperam de você. Consequentemente, a sua vida será muito melhor, você estará muito mais inteiro em qualquer relacionamento. E ainda fará as pessoas ao seu redor mais felizes.

Nós só podemos dar amor se tivermos amor por nós mesmos. Dê o seu melhor a você mesmo, e não o seu resto. Priorize você!

Em uma folha em branco escreva o título:

QUEM REALMENTE SOU E O QUE REALMENTE ESPERO DA VIDA

Propomos que você descreva com suas próprias palavras quais são as suas reais vontades e expectativas. E lembre-se: suas, só suas.

Apneia do sono: doença evolutiva

A obesidade pode aumentar o risco de doenças graves que levam à morte, se não forem diagnosticadas e tratadas a tempo. Entre elas está a síndrome da apneia obstrutiva do sono, e vale a pena conhecer suas características. É uma doença crônica e progressiva, com altas taxas de mortalidade cardiovascular. Pode surgir em qualquer idade, mas acomete principalmente homens obesos entre 40 e 60 anos, e é mais frequente em mulheres após a menopausa.

Os principais sintomas noturnos incluem roncos, pausas respiratórias, sono agitado com múltiplos despertares, necessidade de acordar para urinar e sudorese. As pausas respiratórias, que ocorrem várias vezes durante o sono, são definidas como uma parada (apneia) ou redução (hipopneia) da passagem de ar pelas vias aéreas superiores, com duração de pelo menos 10 segundos.

Durante o dia, os principais sinais são consequência das noites maldormidas e incluem sonolência, cefaleia matinal, déficits neurocognitivos, alterações de personalidade, redução da libido, depressão e ansiedade.

O diagnóstico de confirmação dessa doença é feito pela polissonografia, que também fornece critérios de sua gravidade. É um exame que permite testar durante o sono os potenciais elétricos da atividade cerebral, dos batimentos cardíacos, os movimentos dos olhos durante o sono, a atividade muscular, o esforço respiratório, a saturação de oxigênio no sangue, o movimento das pernas, entre outros parâmetros.

As consequências da apneia do sono vão além das noites maldormidas e do desconforto dos parceiros de quarto. A mortalidade entre os portadores da síndrome é significativamente mais alta entre os que não recebem tratamento adequado. Estudos mostraram que a apneia do sono está associada a maior incidência de infartos, derrames cerebrais e arritmias cardíacas. O objetivo do tratamento é manter as vias aéreas permeáveis ao fluxo de ar durante a noite e também abranger os cuidados com a obesidade.

Dica do especialista

Algumas medidas para quem sofre da doença:

1. *Perder peso.*
2. *Não ingerir álcool antes de dormir.*
3. *Evitar medicamentos sedativos, hipnóticos ou antialérgicos antes de ir para a cama.*
4. *Não dormir de barriga para cima.*
5. *Abrir mão de refeições pesadas antes de dormir.*
6. *Não comer no meio da noite.*
7. *Levantar a cabeceira da cama cerca de 20 cm.*

Muitos minutos de exercícios

Você está na reta final da fase Fortalecer. Depois da próxima semana, você entrará na fase final do programa: a etapa Crescer.

Na etapa Fortalecer ocorre aumento gradativo, semanal, do volume de exercícios praticados. Isso significa que na semana passada você executou 7 dias de atividades, exercitando-se por 210 minutos. Na semana 8, você aumentou 30 minutos e chegará a 240 minutos de atividade física, divididas em 5 sessões de 48 minutos cada uma. Você imaginou que em tão pouco tempo estaria com esse poder todo?

Treino em circuito

A combinação de movimentos durante o treino torna a prática mais divertida. O que chamamos treino em circuito consiste na integração de diferentes exercícios, feitos em sequência. O grupo de exercícios pode ser apenas muscular ou intercalado com atividades aeróbicas leves.

Com uma média de quatro ou seis estações, o objetivo do treino em circuito é permanecer no mesmo exercício em um período de 30 segundos a 1 minuto e imediatamente trocar de estação.

A atividade deve ser dinâmica, sem os habituais intervalos de descanso dos treinos de musculação, facilitando o aumento do gasto metabólico. Isto quer dizer que o circuito é mais indicado para queima de calorias e manutenção do tônus muscular do que para hipertrofia (aumento dos músculos). Uma sessão, que dura entre 45 minutos e 1 hora, pode queimar em torno de 600 calorias.

O circuito é uma estratégia de treino com possibilidade de combinação de movimentos, o que torna a prática mais lúdica, e ainda tem a possibilidade de ser aplicada individualmente, de acordo com o objetivo de cada um.

As cargas são leves. E o que varia é a natureza do movimento, combinando tronco, membros superiores e inferiores.

Dica do especialista

A sessão fica mais completa quando são incluídas práticas como corrida ou saltos no jump *– executados no mesmo intervalo de tempo que os outros movimentos.*

Semana 9

Uma grande obra começa com um pequeno grão de areia

Quando passamos em frente a uma bela casa, dificilmente lembramos os passos percorridos desde o seu projeto, a preparação da fundação, as paredes sendo erguidas e o acabamento. Simplesmente comentamos: "Olha que casa bonita!", e seguimos em frente. No fundo, sabemos que "a casa bonita", para que chegasse a esse ponto, precisou ser construída, tendo início com a combinação de areia, cimento, tijolos e tantos outros materiais rústicos, não tão bonitos, que depois de combinados produziram a construção que agora admiramos.

Na 9ª semana, você está se sentindo bem com o resultado obtido. Sua motivação está em alta porque tem notado a transformação – antes impossível. A fase do "aparentemente rústico" e "não tão bonito" – os sacos de areia, cimentos e tijolos – passou. O seu "caminhão estava carregado" com mágoas, tristezas e sensações de incompetência. Agora a nova casa está entrando na fase do acabamento: o embelezamento.

Você mudou.

O controle sobre a situação está em suas mãos. Agora você sabe que tem o poder de executar a obra, sabe que pode dar novos contornos, incluir detalhes, modelar a estrutura e deixar tudo como quiser. Essa é a hora de refletir sobre o que fez você se manter estagnado por tanto tempo num estado de obesidade antes de se levantar e enfrentar (ou confrontar) a sua própria história.

Tenho convicção de que agora você é capaz de olhar de frente o seu problema. Talvez a resposta que o inconsciente daria é: "Meu relacionamento ia muito mal, por isso mergulhava na comida". Ou: "Eu acordava todos os dias e tinha a sensação de ir para uma forca, quando estava a caminho do trabalho". Ou ainda: "Sou extremamente tímido e não colocava meus sentimentos para fora".

Provavelmente algumas dessas confissões fazem parte de sua vida. Elas podem ser mudadas. É hora de retomar o controle. Compreender que até pouco tempo atrás você se sentia desprezado até por você mesmo! Mas agora se deu conta de que tem capacidade de enfrentar qualquer obstáculo.

Então, planeje as últimas semanas do programa de emagrecimento. Calcule a energia a ser gasta, equilibre seu lado emocional e arranque para cruzar a linha de chegada.

O caminho mais curto, cômodo e prático não é, necessariamente, o melhor caminho. O objetivo que requer um grande esforço, e maior perseverança, será sempre o mais comemorado.

Preparo físico: 90 minutos a mais

Você está encerrando a etapa 3, Fortalecer. Considere esta como uma fase de transição, em que você se adaptou a uma nova rotina e agora precisa mudar os procedimentos a fim de obter maior rendimento e melhorar os resultados perceptíveis no próprio corpo.

Enquanto na 6ª semana, a primeira do período Fortalecer, você se exercitava em 5 sessões de 36 minutos cada (180 minutos semanais), nesta 9ª semana executará 5 sessões de 54 minutos, num total de 270 minutos. São 90 minutos a mais, uma hora e meia de atividades físicas acrescentadas ao programa. Para alguém que até bem pouco tempo atrás era sedentário, é uma grande mudança, não?

Os treinos de força e musculação geraram uma série de benefícios a você, tais como hipertrofia ou aumento de massa (aumento do diâmetro das fibras musculares), maior vascularização, com elevação do número de vasos sanguíneos nos músculos, e aumento do gasto metabólico. As reservas foram mobilizadas mais rapidamente e de maneira mais eficaz com menor gasto energético. Para os ossos, o treinamento estimulou a formação de massa óssea, o aumento do diâmetro dos ossos nos jovens e na camada esponjosa interna nos adultos. No sangue, houve aumento do número de glóbulos vermelhos, o que facilita o transporte de nutrientes e oxigênio.

O sistema cardiovascular se tornou mais eficiente, e o treinamento de resistência resultou em modificações morfológicas e fisiológicas que podem constituir o "coração de atleta".

No sistema respiratório, os resultados também foram positivos: o treinamento fez aumentar o ar expirado e inspirado e, portanto, contribuiu para melhorar o trabalho dos pulmões. No sistema endócrino, o efeito positivo recai sobre a produção hormonal, que se tornou mais eficiente. Há um controle mais eficiente da concentração de adrenalina no plasma sanguíneo durante os esforços máximos, melhor equilíbrio das concentrações plasmáticas de insulina e maior capacidade bioquímica da tireoide.[18]

Em resumo, hoje você é outra pessoa.

O que vestir

Roupas para quem pratica exercícios físicos devem ser suficientemente adequadas para dar conforto. Elas precisam ser leves e claras, e permitirem boa transpiração. Os tecidos devem ter maleabilidade para não atrapalhar a execução dos movimentos. Assim, você obterá rendimento maior.

Usar monitor cardíaco, ou até mesmo aplicativo para celulares, pode ser uma boa pedida para quem pratica esportes. Assim, você tem controle de como realizar a atividade física, sabe o quanto já se exercitou e em que estágio está da evolução nos exercícios físicos.

A escolha do calçado para caminhada ou corrida é item dos mais importantes, porque um tênis inadequado pode levar a lesões e forçar a interrupção do seu programa. Antes de comprar pelo preço, ou pelo modelo mais chamativo, faça um teste de pisada na loja com um profissional que realmente entenda do assunto. Esse teste vai indicar qual é o modelo compatível com seus pés.

Na hora de trocar de tênis, verifique:

1. Qual modelo machucou? Qual era mais duro?
2. Influenciou na performance?
3. Qual é a durabilidade do tênis, ou seu desgaste?
4. Se você for correr, quais distâncias percorrerá: 5 km, 10 km, 21 km?

Não mexa em time que está ganhando. Por isso, compre alguns pares extras do tênis favorito antes que ele saia de linha ou que seja substituído por um modelo novo.

Como comprar

Se o solado do seu tênis se desgastar muito rapidamente, é o primeiro sinal de que está com o par errado. Você precisa escolher outro modelo com melhor estrutura. Leve em consideração o local onde você treina e a intensidade dos treinos.

Depois de comprar um novo par, não o utilize imediatamente em sua primeira caminhada ou corrida. Você precisará amaciá-lo, senti-lo e adaptá-lo aos seus pés. Se você calçá-lo rapidamente, estará condenando seus pés a dores, bolhas e talvez até uma lesão.

Mas nem sempre usar o tênis correto para a pisada previne uma lesão. Repensar os limites, usar uma palmilha de treinamento feita exclusivamente para você, exercitar a musculatura por meio de exercícios de musculação e alongamento, evitar o *overtrainning* – excesso de treinamento – e lembrar que treino é treino, prova é prova devem fazer parte de suas preocupações com a agenda da atividade física.

Semana 10

Automotivação sempre

Você está entrando na décima semana e pode pensar que parou de evoluir. É natural que perceba poucas mudanças em seu corpo, mesmo que já tenha alcançado ótimos resultados até aqui.

O que fazer?

É hora de buscar nova motivação a fim de melhorar o rendimento nos programas de treinamento esportivo e manter o novo padrão alimentar. Esses são dois dos principais alicerces do programa a que você aderiu.

Para isso, siga cinco passos fundamentais:

1º Tenha certeza de que o esforço realizado até este momento foi produtivo, a sua dedicação está valendo a pena, não é hora de desistir.

2º Mantenha a **metodologia**. Não faça adaptações radicais. Quanto mais concentrado você estiver, mais vai se sentir motivado.

3º Estabeleça objetivos claros de desafios, compatíveis com a sua capacidade psicofísica daqui para frente.

4º Desenvolva autocontrole, tanto da excitação ou desmotivação emocional, como de seu planejamento.

5º Não esqueça o que trouxe você até aqui.

Metabolismo e obesidade

Quer queimar gordura? Então você precisa saber mais sobre metabolismo.

Para que o nosso corpo se mantenha funcionando é preciso consumir (queimar) energia. O total de energia consumida diariamente pelo corpo humano é distribuído da seguinte maneira:

1. Energia consumida em repouso (metabolismo basal) – utiliza 60%-75% do gasto energético total diário.
2. Energia consumida para efeito térmico dos alimentos – cerca de 10% do total.
3. Energia consumida para a atividade física – em torno de 15% a 30% do total.

A taxa metabólica basal corresponde à quantidade mínima de energia necessária para manter o funcionamento do corpo em repouso (60% a 75%). Sabemos que a taxa metabólica basal diminui por diversos motivos: envelhecimento, alterações dos fluidos corporais, da temperatura corporal, estresses, alterações hormonais, inatividade física e, muito importante, também diminui com a redução da massa magra e concomitante aumento da massa gorda corporal. Isso significa que quanto menor quantidade de músculo, menor será o trabalho metabólico e maior será a facilidade para engordar.

Além das condições anteriores, o peso total, sexo e altura podem interferir no metabolismo basal. Assim, devemos respeitar nossas características pessoais e entender porque uma pessoa é diferente da outra em relação ao seu metabolismo.

O consumo de alimentos também eleva o metabolismo energético e isso ocorre de dois modos: pela energia necessária para digeri-los, para sua absorção e utilização de seus nutrientes, e pela ativação do sistema nervoso central. Essa elevação do metabolismo energético durante a refeição é conhecida como termogênese induzida pela dieta e, geralmente, alcança seu efeito máximo uma hora após a refeição e varia conforme o tipo e a quantidade de alimento consumido.

A atividade física exerce o maior efeito sobre o gasto de energia pelo organismo. Grande parte das pessoas consegue manter suas taxas metabólicas bem elevadas durante exercícios sustentados, como natação, ciclismo, corrida ou caminhada rápida.

O tecido gorduroso é o menos ativo metabolicamente e, portanto, é o que menos usa energia para seu funcionamento. Quando mais gordura, menor o trabalho metabólico.

Outros fatores também influenciam o consumo energético. Pessoas que vivem em clima tropical apresentam uma taxa metabólica 5% a 20% mais alta que aquelas que vivem em clima temperado. Ambientes frios podem aumentar o consumo de energia pelo organismo, porém, esse aumento depende da quantidade de gordura corporal e do tipo de roupa usada. Durante momentos de estresse induzidos pelo frio, pode ocorrer o aumento de até cinco vezes da taxa de metabolismo basal. Nessa condição, o corpo utiliza muita energia para a manutenção da temperatura corporal.

Aumento da atividade física, aumento da massa muscular e redução da quantidade de gordura do corpo constituem os principais mecanismos para aumentar o metabolismo basal em uma pessoa saudável.

Cálculo da taxa metabólica basal a partir da massa corporal, estatura e idade conhecido como Método de Harris-Benedict[19] para cálculo da taxa metabólica basal (TMB)

Homens
TMB (kcal/24h) = 66,0 + (13,7 x peso em kg) + (5 x altura em cm) – (6,8 x idade em anos)

Mulheres
TMB (kcal/24h) = 65,5 + (9,6 x peso em kg) + (1,85 x altura em cm) – (4,7 x idade em anos)

Preparo físico: Etapa 4

Bem-vindo à etapa 4, Crescer.

Durante esta semana e as duas próximas você experimentará rotinas mais intensas, com uma nova série de exercícios metabólicos, de alta intensidade.

A essa altura do programa você deve estar com muitos quilos a menos e disposição a mais. É chegado o momento de descobrir que seu corpo é uma máquina capaz de realizar movimentos que você julgava restritos a um passado remoto, lá na sua infância. Saltar, correr, pular, girar, fazer aviãozinho, equilibrar-se em um pé só, coisas que quando somos jovens são fáceis e simples, mas, com o passar dos anos, vão se tornando quase impossíveis.

Com todo esse tempo de trabalho e atividade, você já descobriu que nada está fora de alcance, nem mesmo para uma pessoa sedentária, que agora está em outro momento da vida, praticamente cheio de vitalidade.

O treinamento da etapa Crescer, que fecha o nosso programa, é a melhor prova de que você pode e deve usar seu corpo em benefício próprio. A saúde é lucro. Afinal, você começou este programa para quê?

O método adotado para esta etapa se baseia na instabilidade mecânica para gerar estímulo e equilíbrio. Com exercícios que desenvolvem as habilidades biomotoras, o resultado é o ganho intensivo de força, resistência, coordenação, flexibilidade e velocidade. A postura estática, aquela em que você fica quando começa e termina um movimento, melhora sensivelmente, do mesmo modo que sua postura dinâmica, que é a capacidade de o corpo manter o eixo de rotação durante todo o movimento.

Você vai se sentir bem jovem depois de passar por essa etapa.

Atividade física para a etapa Crescer

No *Caderno de Exercícios*, você encontrará a descrição de como realizar os seguintes exercícios:

1. Polichinelo
2. Subida no *step*
3. Agachamento pliométrico
4. Corrida estática
5. Abdominal com elevação de pernas

Confira no *Caderno de Nutrição* o cardápio, as receitas e o modo de preparo da sua alimentação para a etapa Crescer, semana a semana.

Semana 11

Como estou me vendo? Hora do confronto

Se estiver seguindo nossa metodologia à risca, acreditamos que os objetivos foram alcançados e provavelmente alguns ainda vão ocorrer se você perseverar.

É importante saber que, em grande parte das vezes, pessoas com problemas diversos tendem a dar maior atenção às dificuldades que não foram superadas em vez de se concentrar nos objetivos que as farão mais realizadas.

Nesse momento é importante você celebrar a garra que teve para superar as antigas barreiras, alcançar as metas a que se propôs e tomar consciência da força transformadora que existe dentro de você. Ela está aí para novas e futuras conquistas para levar você a outros objetivos que estipular para a sua vida. E você pode começar a sonhar com eles: melhorar o relacionamento com seu cônjuge, harmonizar a relação com sua família, estar mais presente na vida de seus filhos. Considere também uma viagem maravilhosa, a compra de uma casa ou apartamento, cursar uma faculdade. Tudo demanda planejamento e, principalmente, aplicação das energias internas com foco determinado.

Quando uma pessoa pensa que vai vencer e outra pensa que vai fracassar, é provável que ambas estejam certas, porque cada qual se move rumo ao objetivo com a predisposição que ditará o tom de sua tenacidade.

Como aumentar o gasto calórico diário

Por que é importante saber qual deve ser o consumo diário de energia do organismo? Porque ao conhecer quanta energia você necessita para viver bem por 24 horas, poderá calcular e definir, adequadamente, quanta energia (em alimentação) deverá consumir para suprir as suas necessidades calóricas (energéticas) diárias: nem mais nem menos.

Em média, o gasto energético total dos homens é de aproximadamente 2.900 kcal/dia e das mulheres, de 2.200 kcal/dia, considerando pessoas com idade entre 19 a 50 anos. Se você equilibrar a relação ingestão de alimento x consumo de energia, conseguirá manter o seu peso corporal estável.

Para simplificar, quando consumimos um valor calórico maior que o gasto energético diário, nosso corpo transforma o excesso de caloria em gordura.

Um modo muito eficiente de balancear essa proporção é intensificar o treinamento físico. Ele é capaz de promover modificações radicais no gasto energético total.

O aumento agudo do gasto energético durante um treino ocorre porque o corpo necessita de energia para realizar o trabalho aeróbico no momento do exercício e durante a fase de recuperação. O aumento do gasto calórico ocorre quando adquirimos massa magra (massa muscular). Aumentar a massa muscular significa jogar em favor do maior responsável pelo aumento do nosso metabolismo basal: isso significa ajudar a si mesmo no emagrecimento.

Observe como aplicamos isso a você conferindo o programa físico sugerido. Semanalmente há aumento da intensidade exercícios aeróbicos e dos exercícios para fortalecimento muscular. É uma total "varredura" em seu corpo!

Exercícios físicos, quando frequentes e bem orientados, têm a função de aumentar o gasto energético, proporcionar desequilíbrio calórico negativo (calorias ingeridas pela dieta x calorias gastas nos exercícios), aumentar ou manter o metabolismo basal e contribuir para a perda de peso corporal.

Semana 12

Autogestão emocional

O corpo é como "esponja de emoções": absorvemos muito do que está ao nosso redor. É preciso perceber, então, a mudança dos humores nos ambientes em que frequentamos com constância.

Assim como você criou uma nova rotina (que antes parecia impossível), agora precisa gerenciar melhor as suas emoções, e é sobre isso que falaremos nesta semana.

Dificilmente você passará um dia sem perceber uma sensação negativa que pode afetar-lhe diretamente. O importante, portanto, é prestar atenção naquela (por isso a insistência em "sair do automático") que está sendo prorrogada. Quando isso acontecer, você deverá agir rapidamente para minimizá-la, a ponto de não ser "engolido" por essa sensação ruim.

Em síntese, quando sentir tristeza, frustração ou raiva, perceberá que são apenas sinais de alerta que o corpo está emitindo. Depois de recebê-los, terá a possibilidade de agir sobre as emoções e alterá-las.

Para tanto, o mais importante é assumir o controle (e a responsabilidade) sobre as suas emoções, em vez de culpar os outros ou o contexto familiar e social em que está inserido. Você é o dono da sua vida. As coisas que nos deixam angustiados não são, necessariamente, os acontecimentos em si, mas sim a opinião que temos a respeito deles.

Por vezes mantemos crenças deturpadas, a exemplo de "ter necessidade de controlar tudo", ou quando assumimos que "esse é meu jeito, meu modo de pensar e fui educado para agir de tal maneira e não mudarei". Essas frases prontas nos levam a sentir frustração, raiva ou resignação. Mas por que você acredita que as coisas devem ser assim? Você diz essas coisas só para não ter de assumir que não gostaria de sair da zona de conforto?

Se agirmos com racionalidade, conseguiremos analisar friamente a situação e formularemos pensamentos melhores, criaremos saídas alternativas, desenvolvendo novas maneiras de organizar nossas vidas e crenças e, eventualmente, quebrando paradigmas. Quando fizermos isso, a maneira de agir (diante das situações negativas) e de sentir (ter sensações negativas) também será diferente.

A gestão das emoções é um processo que envolve nosso campo emocional, que é fortemente racional. É como a capacidade que você desenvolveu até aqui de mudar o corpo, só que, em vez de aprimorá-lo, você trabalhará o cérebro para benefício do campo emocional. Você poderá pensar diferente e ser mais flexível. Como o cérebro é condicionado a pensar em termos menos racionais e mais instintivos, os primeiros pensamentos são os mais impulsivos e aprisionam você a um único modo ou padrão de vida.

Há pessoas que aprenderam subliminarmente que, quando estamos tristes, a melhor coisa a fazer é ficar calado, isolado.

Mas você acredita sinceramente que esse comportamento afugentará a tristeza e mudar as coisas ao seu redor?

Podemos enfrentar a tristeza de outro modo. Por exemplo, por que não ligar para algum amigo divertido ou assistir a uma comédia "pastelão" e dar boas gargalhadas? Com um desses dois exemplos simples – e viáveis – a sua tristeza, no mínimo, ficará mais suave ou quase imperceptível. E, fazendo assim, você deixará o ímpeto negativo para trás e resolverá o problema que gerou a tristeza quando estiver mais calmo e controlado.

Sabe quando os casais em crise decidem fazer a velha "DR" (discutir a relação)? O que acontece nessa hora? Numa DR, ambos os lados estão preocupados em defender a sua posição e contra-atacar (instintivamente). Raramente procuram absorver algo para melhorar a relação.

Em situações assim, teríamos um relacionamento mais saudável e evoluído se chamássemos o parceiro(a) para um bate-papo, em um lugar tranquilo, iniciando o processo de evolução do relacionamento com a seguinte frase: "Eu te amo tanto que quero que nossa relação evolua, portanto, gostaria de bater um papo sobre nós dois", em vez de: "Preciso falar com você sobre nós. Eu não aguento mais suas manias e, se eu não falar agora, terei um 'troço'".

Em qual das situações você acredita que terá mais sucesso?

Com essas dicas simples, queremos fechar este capítulo dizendo que em três meses você fez muita coisa: mudou a alimentação, acrescentou atividade física à sua rotina, dominou o dia a dia. Então, muito cuidado para não voltar às coisas como eram antes.

Você tem um longo caminho pela frente. Sua vida não parará no momento em que atingir os dígitos desejados na balança. Sua vida seguirá, e você precisará se manter no controle e gerenciamento de suas atitudes, de seus pensamentos, de suas emoções; e fará isso por um bem maior e mais precioso chamado *eu*.

Aproveite e troque de vez o estoque dos seus DVDs, que antigamente eram de dramas, por um novo e renovável estoque de filmes de aventura, comédia, romance e ação, muita ação em sua vida.

E o tratamento continua

A obesidade é uma questão crônica que requer controle por toda a vida.

A National Task Force on the Prevention and Treatment of Obesity *(Força-tarefa sobre a Prevenção e o Tratamento da Obesidade, em tradução livre) declarou:*

"Os indivíduos com obesidade, que se esforçam para reduzir o peso, devem estar preparados para aceitar mudanças, por toda vida, em seus padrões de alimentação e de atividade física. Lamentavelmente, menos da metade das pessoas (cerca de 40%) que querem reduzir o peso corporal pratica atividade física regularmente durante os períodos de lazer."

Epidemia

O resultado da última Pesquisa Vigitel, do Ministério da Saúde, revela que pela primeira vez mais da metade (51% dos acima de 18 anos) da população brasileira está acima do peso ideal. Em 2006, o percentual era de 43%, com homens sendo a maioria, 54%, e mulheres com índice de 48%.[20]

A doença tomou proporção epidêmica. Modificar hábitos de vida não saudáveis e optar pela reeducação alimentar e pela prática da atividade física sensibiliza grande número de pessoas. Com isso, afetamos positivamente os hábitos de crianças e adolescentes, para com os quais a sociedade e seus familiares têm responsabilidade.

Nestes 12 capítulos, ou semanas, falamos de uma etapa muito breve dentro do tratamento do sobrepeso e da obesidade. A redução do peso corporal é tão ou menos difícil do que o processo de manutenção. A continuidade do acompanhamento, se possível multidisciplinar (atividade física, psicologia, nutrição e parte médica) é imprescindível. Ao trabalhar em conjunto, os resultados são mais rápidos e eficazes.

O controle de peso e as medidas necessárias para cada etapa deste tratamento devem ser encarados do mesmo modo que se conduzem outras doenças crônicas, por exemplo, a diabetes. É preciso ter consciência sobre os riscos da obesidade, estar disposto a mudá-la e preveni-la sempre.

Nosso desejo é que você aplique a metodologia que iniciou com este livro na próxima fase, quando fará pessoal e individualmente o gerenciamento de sua rotina. Os resultados serão consolidados e o risco de voltar ao sobrepeso tenderão a desaparecer.

Os indivíduos com obesidade e que se esforçam para reduzir o peso, devem estar preparados para aceitar mudanças, por toda vida, em seus padrões de alimentação e de atividade física.

Mais forte

Este método de 12 semanas se baseia no desenvolvimento corporal global, que procura gerar o aumento da capacidade física do praticante (flexibilidade, força, resistência, equilíbrio e coordenação), tornando-o mais apto para os afazeres do dia a dia.

Consequentemente, aplicá-lo à sua rotina deixará você magro, forte e saudável. A questão, então, não é tão somente a melhoria estética, embora todos nós sejamos favorecidos por ela em nossa silhueta. O principal objetivo é a saúde e o bem-estar. Entendemos que o corpo não pode servir apenas como um troféu para ser exibido em roupas que antes não cabiam. Ele é uma ferramenta poderosa capaz de deixá-lo apto para qualquer trabalho físico que necessite enfrentar, de uma simples rotina na jornada profissional até maratonas, se assim você desejar.

Nada mais poderá deter você. Faça com o corpo aquilo que quiser.

Semana 12: 5 sessões de 60 min = 300 minutos semanais

Caderno de Atividades

Diário Alimentar

Use o diário alimentar para fazer um resumo do seu dia e todos os dias da semana – ele é importante até você completar o programa. Em vez de usar papel, você pode criar uma planilha eletrônica.

Hoje eu consumi:

___ porções de doces
___ porções de frituras
___ dose(s) de bebida alcoólica
___ copos de refrigerante

___ porções de frutas
___ porções de verduras
___ porções de legumes
___ ml de água

Data: __/__/__

Horário	*Alimento*	*Quantidade*

Diário da Transformação

1º dia da minha transformação

Como estava meu humor ao acordar e por quê?

Ex.: Hoje acordei chateado(a), porque briguei com minha mulher/meu marido ao me deitar.

Ex.: Acordei feliz, pois estou voltando a comer bem.

Após a atividade física, como me senti?

Ex.: Cansado(a), porém, meu humor melhorou.

Como me senti ao me alimentar adequadamente?

Ex.: Bem, porém, com um pouco de fome.

O que fiz por mim hoje?

[O propósito desta pergunta é que você responda o modo como fará um "agrado" para a autoestima. Pense em coisas simples do dia a dia, o que agrada e o que traz aconchego.]

Ex.: Fiz um chá "só" para mim, que havia tempos estava com vontade de tomar. Ou: liguei para aquele meu amigo querido.

Como está meu humor na hora de dormir?

Ex.: Dormi mais em paz, pois "eu existo" e estou bem!

Diário das emoções

1º dia

Como estava meu humor ao acordar e por quê?

Após a atividade física, como me senti?

Caderno de Exercícios

Nesta parte do livro, você encontrará as informações sobre as atividades físicas que compõem o seu programa de emagrecimento.

As atividades estão separadas por etapas (Despertar, Transformar, Fortalecer e Crescer) e por semanas. Assim, dentro de cada etapa você encontrará as semanas correspondentes.

A etapa Despertar durará apenas uma semana. Você usará esta semana para as primeiras caminhadas ou corridas, dependendo de sua resistência ou da resposta que seu corpo dará ao estímulo provocado. As demais etapas terão mais semanas: Transformar, 4 semanas; Fortalecer, 4 semanas; e Crescer, 3 semanas.

Em todas as semanas, a partir da etapa Transformar, você fará sessões de caminhada ou corrida, acrescidas das séries de repetições com os exercícios musculares. Este é o quadro que você deverá ter em mente: exercícios aeróbicos (caminhada ou corrida) e exercícios musculares (séries de repetições).

Agora, confira a cada semana qual a duração, as repetições, os exercícios e sua zona alvo de frequência.

Etapa Despertar

Semana 1

Caminhar ou correr emagrece. Associadas à reeducação alimentar, essas atividades constituem um método eficiente para gerar e manter a perda de peso, pois têm gasto calórico elevado. O exercício físico induz a adaptações metabólicas, aumentando o gasto energético diário e minimizando a diminuição do metabolismo de repouso ocasionado pela perda de peso.

A caminhada ou a corrida exigem o controle da frequência cardíaca (entre 60% e 75% da frequência cardíaca máxima, para iniciantes) para que você saiba o grau de esforço a que está se submetendo. Com o treino contínuo, seu coração se torna mais forte do que o de uma pessoa sedentária. Assim, ele bombeará o sangue com maior eficiência, e isso fará com que a sua frequência cardíaca seja menor para movimentar o mesmo fluxo sanguíneo a cada minuto. Você passará a correr mais para um mesmo número de batimentos cardíacos.

Nos primeiros dias do programa, você deverá iniciar com caminhadas que durem 30 minutos diários, duas vezes por semana. Se sentir que pode acelerar mais e passar a trotar ou a correr, não sinta medo: acelere. Lembre-se: é preciso controlar os batimentos cardíacos de sua FCmax.

Caminhe ou corra sempre mantendo o corpo ereto, os cotovelos flexionados em 90º ao lado do corpo, as mãos relaxadas, com as palmas para baixo e balançando os braços. Antes de cada sessão de treinamento, realize um aquecimento (trote, caso opte por corrida) e um alongamento rápido. Ao final, faça outra sessão de alongamento.

Um bom par de tênis pode garantir um melhor desempenho e livrar você de lesões. Os tênis especiais para corrida absorvem o choque das passadas e ainda estabilizam os pés no solo. Os melhores tênis para corrida são aqueles com sistema de amortecimento de impacto e com sistema antitorção, e, no caso de indivíduos com desvios posturais dos pés, tênis com regulagem de pisada. Escolha um modelo flexível, com uma sola grossa, um acolchoamento para o calcanhar e para o tendão de aquiles.

Etapa Transformar

Todos os exercícios em todas as fases devem ser praticados em 3 séries cada, de 12 a 15 repetições. Eles devem ser realizados em modo circuito, onde a execução dos exercícios deve ser feita de forma sequencial.

As sequências devem ser feitas por 3 vezes. O intervalo entre os exercícios deve ser de 15 a 30 segundos e entre as séries de 1 minuto.

Nesta etapa, você fará os seguintes exercícios musculares (além da caminhada ou da corrida):

1. **Elevação de quadril.** Deitado de costas, pernas flexionadas e pés apoiados no solo, eleve o quadril e retorne à posição inicial.
2. **Rotação lateral do tronco.** Deitado de costas, abra os braços até a altura dos ombros e estenda as pernas. Execute um movimento de rotação do tronco deslocando uma das pernas no sentido do braço oposto. Retorne à posição inicial. Realize este alongamento nos dois lados alternadamente. Você

não deverá girar o corpo no solo; apenas estender, alongar os membros e, principalmente, o tronco.

3. **Flexão do tronco à frente.** Em pé, apoie o corpo sobre um dos pés e coloque o outro a frente deste, cruzando-os. Estenda os braços acima da cabeça. Flexione o tronco e estenda os braços para frente.
4. **Chute frontal de perna.** Em pé, dê um chute para frente tocando o pé com a mão oposta. Realize o alongamento de um lado e depois do outro, alternadamente.
5. **Rotação de tronco deitado de frente.** Deitado de barriga para baixo, abra os braços na altura dos ombros. Realize a rotação do tronco tentando aproximar uma das pernas do braço oposto.
6. **Balanceio lateral de perna.** Em pé, apoie o corpo em uma das pernas. Com a outra, faça um balanceio lateral. Troque de perna.

Semana 2

Faça 2 sessões de 30 minutos = 60 minutos semanais de corrida ou caminhada — frequência alvo menor que 70% FCmax.

Inclua 2 a 3 sessões de exercícios, fazendo 3 séries completas.

Semana 3

Faça 3 sessões de 30 minutos = 90 minutos semanais de corrida ou caminhada — frequência alvo menor que 70% FCmax.

Inclua 2 a 3 sessões de exercícios fazendo 3 séries completas.

Semana 4

Faça 4 sessões de 30 minutos = 120 minutos semanais de corrida ou caminhada — frequência alvo menor que 70% FCmax.

Inclua 2 a 3 sessões de exercícios fazendo 3 séries completas.

Semana 5

Faça 5 sessões de 30 minutos = 150 minutos semanais de corrida ou caminhada — frequência alvo menor que 70% FCmax.

Inclua 2 a 3 sessões de exercícios fazendo 3 séries completas.

Etapa Fortalecer

Nesta etapa, você fará os seguintes exercícios musculares (além da caminhada ou corrida) em repetições por 3 vezes. O intervalo entre os exercícios deve ser de 15 a 30 segundos e, entre as séries, de 1 minuto.

1. **Agachamento.** Em pé, mantenha as pernas afastadas na largura do quadril. Flexione o joelho e projete o quadril para trás. Volte à posição inicial.
2. **Avanço dinâmico.** Coloque a perna direita para frente e mantenha a esquerda para trás. Flexione lentamente as duas pernas. Leve o joelho de trás em direção ao chão. Repita de ambos os lados.

3. **Flexão de braço.** Deitado, de barriga para baixo, apoie as mãos no chão na largura dos ombros. Mantenha os pés unidos e apoiados. Estenda e flexione os braços, levando o tronco próximo ao chão.
4. **Elevação de quadril com apoio frontal.** Deitado de barriga para baixo, mantenha as mãos e os pés apoiados no chão. Eleve o quadril até formar um ângulo de 45º e retorne à posição inicial.
5. **Prancha abdominal.** Deitado de barriga para baixo, mantenha os antebraços e os pés apoiados no chão. Eleve o corpo e o mantenha em sustentação paralelo ao solo.

Semana 6

Faça 5 sessões de 36 minutos = 180 minutos semanais de corrida ou caminhada — frequência alvo maior que 70% e menor que 80% FCmax.

Inclua 2 a 3 sessões de exercícios fazendo 3 séries completas.

Semana 7

Faça 5 sessões de 42 minutos = 210 minutos semanais de corrida ou caminhada — frequência alvo maior que 70% e menor que 80% FCmax.

Inclua 2 a 3 sessões de exercícios fazendo 3 séries completas.

Semana 8

Faça 5 sessões de 48 minutos = 240 minutos semanais de corrida ou caminhada — frequência alvo maior que 70% e menor que 80% FCmax.

Inclua 2 a 3 sessões de exercícios fazendo 3 séries completas.

Semana 9

Faça 5 sessões de 54 minutos = 270 minutos semanais de corrida ou caminhada — frequência alvo maior que 70% e menor que 80% FCmax.

Inclua 2 a 3 sessões de exercícios fazendo 3 séries completas.

Etapa Crescer

Nesta etapa, você fará os seguintes exercícios musculares (além da caminhada ou corrida) em repetições por 3 vezes. O intervalo entre os exercícios deve ser de 15 a 30 segundos e, entre as séries, 1 minuto.

1. **Polichinelo.** Em pé, pernas afastadas, braços estendidos para os lados. Faça um movimento coordenado unindo os pés, batendo as mãos acima da cabeça e levando os braços junto às pernas.
2. **Subida no *step*.** Em pé de frente para o *step* ou degrau de escada, suba com o apoio de uma das pernas. Repita com a outra perna.

3. **Agachamento pliométrico.** Em pé, pernas afastadas na largura do quadril. Flexione o joelho e projete o quadril para trás. Nesta posição execute um salto e retorne a postura inicial.
4. **Corrida estática.** Execute um movimento coordenado de corrida movimentando pernas e braços simultaneamente sem sair do lugar.
5. **Abdominal com elevação de pernas.** Deitado de barriga para cima, pernas estendidas, braços estendidos na altura dos ombros. Efetuar uma flexão do tronco enquanto faz o toque de uma das mãos na perna oposta. Realizar de ambos os lados alternadamente.

Semana 10

Faça 5 sessões de 60 minutos = 300 minutos semanais de corrida ou caminhada — frequência alvo maior que 80% FCmax.

Inclua 2 a 3 sessões de exercícios fazendo 3 séries completas.

Semana 11

Faça 5 sessões de 60 minutos = 300 minutos semanais de corrida ou caminhada — frequência alvo maior que 80% FCmax.

Inclua 2 a 3 sessões de exercícios fazendo 3 séries completas.

Semana 12

Faça 5 sessões de 60 minutos = 300 minutos semanais de corrida ou caminhada — frequência alvo maior que 80% FCmax.

Inclua 2 a 3 sessões de exercícios fazendo 3 séries completas.

Treino Power de 7 minutos

O estudioso Chris Jordan deu sua contribuição para pesquisas de treinamento intervalado, desenvolvendo um método que é ideal para o público adulto e cumprindo todas as recomendações básicas de exercícios. Melhor: o treino é feito em, no máximo, 7 minutos.

O Treino Power envolve 12 exercícios executados em 30 segundos, com 10 segundos de descanso entre as séries. Os participantes do *Além do peso* não ficaram fora dessa. O preparador Alexandre Bró montou este mega circuito para turbinar ainda mais seus treinos. Os exercícios são:

1. Elevação de quadril
2. Abdominal oblíquo lado direito
3. Abdominal oblíquo lado esquerdo
4. Abdominal alternado
5. Abdominal deitado abraçando os joelhos
6. Lombar alternada
7. Flexão de braço

8. Homem aranha
9. Deslocamento frontal alternado
10. Agachamento
11. Toque alternado das mãos e dos pés
12. Burpee com footwork.[21]

Caderno de Nutrição

O *Caderno de Nutrição* preparado por Bianca Naves traz tudo o que você precisa saber para reorganizar a sua dieta, dividir os alimentos por valor calórico e nutricional, além de receitas e modo de preparar. As opções são bem variadas para estimular você a conhecer melhor os ingredientes que não conhece, adaptá-los e inseri-los em sua rotina. E, principalmente, emagrecer com saúde!

Este caderno foi dividido em tabelas semanais e cardápios.

Nas tabelas semanais, você encontrará o dia a dia de sua nova alimentação: o dia da semana e todas as refeições que deverá fazer naquele dia específico. Na sequência das tabelas estão as receitas, com os ingredientes e o modo de preparo. Tudo feito para que você não sinta dificuldade com os novos hábitos.

Cardápio para a 3ª semana

	Café da Manhã	Lanche da Manhã	Almoço	Lanche da Tarde	Jantar	Lanche da Noite
1	1 xícara (200 ml) de leite desnatado com café 1 colher (chá) de açúcar 2 fatias de pão de forma integral 2 pontas de faca de margarina light ½ mamão papaia	1 banana	1 prato (sobremesa) de salada verde com pepino e queijo 3 colheres (sopa) de cenoura cozida 4 colheres (sopa) de arroz integral 1 concha média de feijão 1 filé (100 g) de frango grelhado	1 iogurte light/desnatado 2 colheres (sopa) de farelo de aveia 1 maçã	1 prato (sobremesa) de salada de folhas verdes com tomate 4 colheres (sopa) de purê de batata 1 unidade de hamburguinho com cenoura ralada e aveia	1 xícara (200 ml) de leite desnatado 1 colher (sobremesa) de mel 6 biscoitos de água e sal
2	1 copo (200 ml) de suco de laranja natural 1 pão francês integral 2 fatias médias de queijo branco	1 maçã	1 prato (sobremesa) de salada de folhas verdes 2 colheres (sopa) de legumes com grão de bico 4 colheres (sopa) de mandioquinha refogada 1 posta (100 g) de peixe grelhado	1 xícara (200 ml) de leite desnatado com café 1 colher (chá) de açúcar 3 torradas integrais 1 colher (sopa) de geleia com 100% de fruta	1 prato (sobremesa) de salada de folhas verdes 4 colheres (sopa) de arroz integral 1 porção de berinjela gratinada recheada com carne moída	1 iogurte light/desnatado 1 fatia de pão de forma integral 1 ponta de faca de margarina light
3	vitamina: 1 xícara (200 ml) de leite desnatado + 1 banana + 1 colher (sopa) de farelo de aveia + 1 colher (sobremesa) de mel 1 fatia de pão de forma integral 1 ponta de faca de margarina light	1 taça de salada de frutas	1 prato (sobremesa) de salada especial 4 colheres (sopa) de arroz integral 1 concha média de feijão 3 colheres (sopa) de frango desfiado com tomate e azeitonas	1 iogurte light/desnatado 6 biscoitos integrais salgados ½ mamão papaia	3 colheres (sopa) de escarola refogada com tomate 2 pegadores de macarrão integral ao sugo 1 unidade de polpetone light	mingau de aveia: 1 xícara (200 ml) de leite desnatado + 1 colher (sobremesa) de mel + 2 colheres (sopa) de aveia

4	1 copo (200 ml) de suco natural de mamão com acerola 2 fatias de pão de forma integral 2 colheres (sopa) de queijo *cottage*	1 pera	1 prato (sobremesa) de salada de folhas verdes 2 colheres (sopa) de cenoura ralada 4 colheres (sopa) de mandioquinha com brócolis 2 colheres (sopa) de carne de panela em cubos	1 taça de salada de frutas ½ xícara de granola light 1 iogurte light/desnatado	3 colheres (sopa) de repolho roxo refogado 4 colheres (sopa) de arroz integral 1 concha média de feijão 1 filé de pescada crocante	1 xícara (200 ml) de leite desnatado 1 colher (sobremesa) de mel 6 biscoitos de água e sal
5	1 xícara (200 ml) de leite desnatado com café 1 colher (chá) de açúcar 2 fatias de pão de forma integral 2 pontas de faca de margarina light ½ mamão papaia	1 banana	1 prato de sobremesa de salada de folhas verdes 2 colheres (sopa) de abóbora japonesa refogada 4 colheres (sopa) de arroz integral 1 concha média de lentilha 1 unidade de coxa de frango com laranja	1 copo (200 ml) de suco de abacaxi com morango 3 torradas integrais 2 fatias médias de queijo branco	1 prato (sobremesa) de salada de folhas verdes 1 pedaço médio de torta de legumes 3 colheres (sopa) de carne moída refogada com tomate e cheiro-verde	1 iogurte light/desnatado 2 torradas integrais 1 colher (sobremesa) de geleia diet
6	vitamina: 1 xícara (200 ml) de leite desnatado + 10 morangos + 1 colher (sopa) de farelo de aveia + 1 colher (sobremesa) de açúcar 1 fatia de pão de forma integral 1 ponta de faca de margarina light	1 maçã	1 prato (sobremesa) de salada de repolho com acelga e tomate 4 colheres (sopa) de purê de mandioquinha com inhame 1 filé de badejo grelhado	1 iogurte light/desnatado 2 colheres (sopa) de farelo de aveia 1 banana	3 colheres (sopa) de espinafre refogado 3 colheres (sopa) de vegetais chineses 4 colheres (sopa) de arroz integral 1 concha média de feijão 1 filé de frango grelhado com molho ao sugo	1 xícara (200 ml) de leite desnatado 1 colher (sobremesa) de mel 6 biscoitos de água e sal
7	1 copo (200 ml) de suco de limão com melancia 1 colher (sobremesa) de mel 1 pão francês integral 2 fatias médias de queijo branco	1 taça de salada de frutas	1 prato (sobremesa) de salada de folhas verdes 3 colheres (sopa) de abobrinha refogada 2 pegadores de macarrão integral ao sugo 1 bife ao alecrim	1 xícara (200 ml) de leite desnatado com café 1 colher (chá) de açúcar 3 torradas integrais 2 pontas de faca de margarina light	3 colheres (sopa) de acelga refogada 3 colheres (sopa) de cenoura sauté 4 colheres (sopa) de arroz integral 1 concha média de feijão 1 unidade de trouxinha de frango	mingau de aveia: 1 xícara (200 ml) de leite desnatado + 1 colher (sobremesa) de mel + 2 colheres (sopa) de aveia

Receitas

Salada verde com pepino e queijo

½ pé de alface crespa lavado
½ maço de escarola lavado
1 pepino fatiado fino
100 g de queijo minas light cortado em cubinhos

Molho
4 colheres (sopa) de suco de tomate
2 colheres (sopa) de vinho tinto
1 colher (chá) de azeite de oliva
orégano fresco a gosto
½ colher (café) de sal

Arrume a alface e a escarola em uma saladeira e enfeite com o pepino e o queijo. Misture os ingredientes do molho e regue a salada na hora de servir.

Hamburguinho com cenoura ralada e aveia

500 g de carne moída magra
2 colheres (sopa) de farinha de aveia
1 cenoura ralada
3 dentes de alho picado
sal a gosto
salsa a gosto
azeite

Misture todos os ingredientes com as mãos ou bata no processador. Faça os hambúrgueres e coloque-os em uma assadeira. Asse em forno 180 °C por 15 minutos ou grelhe em uma frigideira antiaderente.

Berinjela gratinada recheada com carne moída

2 berinjelas grandes
1 colher (sopa) de azeite de oliva
½ kg de carne moída magra
1 cebola picada
3 dentes de alho picados

1 tomate picado sem sementes
4 colheres (sopa) parmesão ralado light
1 colher (chá) de orégano

Corte as berinjelas ao meio, no comprimento, ou em 4 na altura, retire os miolos com as sementes, passe uma pitada de sal em cada metade e leve ao forno fraco para amolecer, com os cortes para baixo, enquanto prepara a carne. Para isso, coloque em uma panela a cebola, o alho e o azeite. Mexa até dourar. Acrescente a carne moída, depois o tomate. Deixe evaporar os líquidos. Recheie as berinjelas com a carne, salpique com orégano, polvilhe com o queijo ralado e leve ao forno preaquecido a 180 °C para gratinar.

"Tian" de legumes com grão de bico

1 dente de alho
1 xícara (chá) de couve-flor
1 xícara (chá) de brócolis
1 abobrinha pequena em rodelas
1 xícara (chá) de grão de bico cozido
1 cebola picada
2 colheres (sopa) de azeite de oliva
4 colheres (sopa) de água
1 colher (sopa) de ervas desidratadas
1 colher (café) de sal
1 colher (sopa) de queijo parmesão light ralado

Passe o dente de alho em todo o refratário. Intercale os vegetais e o grão de bico de maneira que fique bem colorido. Espalhe a cebola. Misture o azeite, a água, as ervas e o sal e regue os legumes. Cubra com papel-alumínio e leve ao forno baixo (150 °C) por cerca de 30 minutos. Retire o papel-alumínio, salpique o parmesão e leve ao forno novamente por mais 10 minutos. Sirva.

Salada especial

1 maço de agrião
1 pimentão vermelho picado
1 cenoura ralada
1 maçã cortada em cubos e regada com suco de meio limão
200 g de ricota light
1 colher (sopa) de azeite de oliva

1 colher (chá) de sal
orégano a gosto

Numa travessa coloque as folhas do agrião, faça uma camada com o pimentão, outra com a maçã, polvilhe a cenoura ralada e acrescente a ricota light picada em cubos pequenos. Num recipiente coloque um pouco de azeite, sal e orégano e misture bem. Regue a salada com este molho.

Polpetone light

250 g de carne moída magra
1 cebola pequena ralada
2 fatias de pão de forma light esfarelado
1 clara
salsa picada a gosto
1 colher (café) de sal

Recheio
¼ xícara (chá) de ricota
1 colher (sopa) de queijo parmesão light ralado
½ xícara (chá) de espinafre cozido

Cobertura
1 clara ligeiramente batida
½ xícara (chá) rasa de farinha de rosca
orégano a gosto
1 colher (café) de sal
1 colher (sopa) de azeite de oliva para untar

Para o preparo da carne, em um recipiente, coloque a carne, a cebola, o pão, a clara, a salsa e o sal. Misture bem e divida em 4 porções. Deixe na geladeira por 20 minutos para firmar.
Para o recheio, amasse a ricota e misture com o queijo e o espinafre. Faça 4 bolinhos achatados e coloque uma colher (sopa) do recheio em cada um deles. Feche bem, passe pela clara e pela farinha de rosca misturada com o orégano e o sal e coloque em uma assadeira untada com metade do azeite. Pincele os polpetones com a outra metade do azeite e leve ao forno médio (180 °C), preaquecido, por cerca de 30 minutos, virando no meio do cozimento. Retire e sirva em seguida.

Mandioquinha com brócolis

1 cebola picada
2 dentes de alho amassados
1 colher (chá) de gengibre picado
1 colher (sopa) de azeite de oliva
1 maço de brócolis
2 mandioquinhas cortadas em rodelas
1 ½ xícara de caldo de vegetais caseiro
3 colheres (sopa) de molho de soja (shoyu)
1 colher (chá) de amido de milho
1 colher (sopa) de cebolinha picada

Refogue a cebola, o alho e o gengibre no azeite. Junte o brócolis e a mandioquinha. Regue com o caldo de legumes e o molho de soja. Tampe e cozinhe por 15 minutos em fogo baixo. Dissolva o amido de milho em ½ xícara (chá) de água e adicione à panela. Deixe engrossar, salpique a cebolinha e sirva.

Pescada crocante

800 g de pescada em filé
1 colher (sopa) de suco de limão
½ colher (sopa) de sal

Crocante

4 colheres (sopa) de farinha de rosca
1 colher (sopa) de gergelim
1 colher (sopa) de parmesão light ralado
1 colher (sopa) de salsinha picada
100 g de iogurte natural desnatado
2 colheres (café) de óleo para untar

Tempere o peixe com o suco de limão e o sal e deixe descansar por 15 minutos. Misture a farinha de rosca, o gergelim, o parmesão e a salsinha. Passe os filés no iogurte e depois na mistura de farinha. Unte uma assadeira com o óleo e leve-os ao forno médio (180 °C) por 15 minutos. Vire do outro lado e deixe por mais 10 minutos. Sirva com rodelas de limão.

Badejo grelhado

4 filés de badejo
4 colheres (sopa) de vinho branco
1 colher (chá) de mostarda
1 colher (chá) de sal
1 cebola roxa cortada em rodelas finas
1 colher (chá) de gengibre fresco ralado
1 colher (sopa) de azeite de oliva
cebolinha verde picada a gosto

Tempere os filés de badejo com vinho branco, mostarda e sal. Grelhe os filés em uma frigideira antiaderente até dourarem dos dois lados. Reserve. Em uma panela, coloque a cebola, o gengibre e o azeite e deixe refogar, em fogo baixo, por cerca de 10 minutos. Retire do fogo, salpique a cebolinha e sirva sobre o badejo.

Coxas de frango com laranja

6 coxas de frango pequenas sem pele (720 g)
1 colher (chá) de sal
1 pitada de louro em pó
1 colher (sopa) de farinha de trigo
1 colher (chá) de azeite de oliva
½ xícara (chá) de caldo de legumes
1 colher (sopa) de suco de limão
1 colher (sopa) de geleia de laranja dietética
tomilho fresco a gosto

Tempere o frango com o sal, o louro e a farinha de trigo. Aqueça uma panela com o azeite e doure bem o frango. Junte o caldo de legumes, o suco de limão e a geleia. Abaixe o fogo e deixe na panela até que o frango amacie. Retire do fogo. Polvilhe o tomilho e sirva.

Torta de legumes integral

Massa

1 xícara (chá) de farinha de trigo
1 xícara (chá) de farinha de trigo integral
3 ovos
2 xícaras (chá) de leite desnatado
1 colher (sopa) de fermento em pó

Recheio

1 cebola picada
1 alho amassado
1 colher (sopa) de azeite de oliva
1 abobrinha média em cubos
1 cenoura média em cubos
2 tomates picados
1 xícara (chá) de vagem em cubos

Para o preparo do recheio, refogue a cebola e o alho no azeite. Junte os legumes picados e refogue. Tempere a gosto com ervas (salsinha, orégano, manjericão) e sal. Reserve.

Bata todos os ingredientes da massa no liquidificador. Despeje metade da massa em uma forma untada e enfarinhada. Coloque o recheio. Despeje o restante da massa e leve ao forno até dourar.

Bife ao alecrim

2 dentes de alho
1 ramo de alecrim
1 colher (chá) margarina cremosa
½ colher (café) de sal
4 bifes de filé mignon magro (400 g)
4 colheres (sopa) de vinho tinto seco
4 colheres (sopa) de água
1 colher (sopa) de purê de tomate

Faça uma pasta com o alho, o alecrim, a margarina e o sal. Besunte os bifes com esta mistura. Aqueça uma frigideira e grelhe os filés dos dois lados. Adicione o vinho, a água, o purê e deixe até ferver. Regue os bifes e decore com alecrim e cenouras.

Cardápio para a 4ª semana

	Café da Manhã	Lanche da Manhã	Almoço	Lanche da Tarde	Jantar	Lanche da Noite
1	1 xícara (200 ml) de leite desnatado com café 1 colher (chá) de açúcar 2 fatias de pão de forma integral 2 pontas de faca de margarina light ½ mamão papaia	1 banana	1 prato (sobremesa) de salada de folhas verdes 3 colheres (sopa) de vagem refogada 4 colheres (sopa) de arroz integral 1 concha média de feijão 2 colheres (sopa) de carne colorida	1 iogurte light/ desnatado 2 colheres (sopa) de farelo de aveia 1 maçã	1 prato (sobremesa) de salada de folhas verdes com tomate cereja e beterraba ralada 4 colheres (sopa) de mandioquinha refogada 1 filé de pescada no papillote	1 xícara (200 ml) de leite desnatado 1 colher (sobremesa) de mel 6 biscoitos de água e sal
2	1 copo (200 ml) de suco de laranja com cenoura e mamão 1 pão francês integral 2 fatias médias de queijo branco	1 maçã	3 colheres (sopa) de escarola refogada 2 colheres (sopa) de cenoura sauté 4 colheres (sopa) de arroz integral 2 colheres (sopa) de grão de bico com vinagrete 1 unidade média de sobrecoxa recheada	1 xícara (200 ml) de leite desnatado com café 1 colher (chá) de açúcar 3 torradas integrais 1 colher (sopa) de geleia com 100% de fruta	1 prato (sobremesa) de salada de folhas verdes 1 pedaço médio de torta de pescada com abóbora	1 iogurte light/desnatado 1 fatia de pão de forma integral 1 ponta de faca de margarina light
3	vitamina: 1 xícara (200 ml) de leite desnatado + ½ mamão papaia + 1 colher (sopa) de farelo de aveia + 1 colher (sobremesa) de mel 1 fatia de pão de forma integral 1 ponta de faca de margarina light	1 taça de salada de frutas	3 colheres (sopa) de salada de brócolis e grão de bico 3 colheres (sopa) de purê de abóbora 4 colheres (sopa) de arroz integral 1 bife (100 g) grelhado	1 iogurte light/ desnatado 6 biscoitos integrais salgados ½ mamão papaia	1 prato (sobremesa) de salada de folhas verdes 3 colheres (sopa) de abobrinha refogada 2 pegadores de macarrão integral ao sugo 1 unidade de hamburguinho de frango	mingau de aveia: 1 xícara (200 ml) de leite desnatado + 1 colher (sobremesa) de mel + 2 colheres (sopa) de aveia

4	1 copo (200 ml) de suco natural abacaxi com couve 2 fatias de pão de forma integral 2 colheres (sopa) de queijo *cottage*	1 pera	1 prato (sobremesa) de salada de tomate com manjericão 3 colheres (sopa) de espinafre refogado 4 colheres (sopa) de purê de batata 1 filé (100 g) de pescada crocante	1 taça de salada de frutas ½ xícara de granola light 1 iogurte light/ desnatado	1 prato (sobremesa) de salada de folhas verdes 3 colheres (sopa) de ratatouille 4 colheres (sopa) de arroz integral 1 concha de lentilhas 3 colheres (sopa) de carne moída refogada	1 xícara (200 ml) de leite desnatado 1 colher (sobremesa) de mel 6 biscoitos de água e sal
5	1 xícara (200 ml) de leite desnatado com café 1 colher (chá) de açúcar 2 fatias de pão de forma integral 2 pontas de faca de margarina light ½ mamão papaia	1 banana	1 prato (sobremesa) de salada de folhas verdes com tomate cereja 2 colheres (sopa) de ervilha torta refogada 4 colheres (sopa) de arroz integral 1 concha média de feijão 1 filé (100 g) de frango com gergelim	1 copo (200 ml) de suco de abacaxi com morango 3 torradas integrais 2 fatias médias de queijo branco	1 prato (sobremesa) de salada de folhas verdes 1 pedaço médio de torta de brócolis	1 iogurte light/desnatado 2 torradas integrais 1 colher (sobremesa) de geleia diet
6	vitamina: 1 xícara (200 ml) de leite desnatado + 1 maçã + 1 colher (sopa) de farelo de aveia + 1 colher (sobremesa) de açúcar 1 fatia de pão de forma integral 1 ponta de faca de margarina light	1 banana	3 colheres (sopa) de acelga refogada com tomate e cenoura 4 colheres (sopa) de arroz integral 3 colheres (sopa) de ervilhas cozidas 1 fatia média de carne ferrugem	1 iogurte light/ desnatado 2 colheres (sopa) de farelo de aveia 1 banana	1 prato (sobremesa) de salada de folhas verdes 4 colheres (sopa) de arroz integral 1 porção de omelete de vegetais ao forno	1 xícara (200 ml) de leite desnatado 1 colher (sobremesa) de mel 6 biscoitos de água e sal
7	1 copo (200 ml) de suco de laranja 1 pão francês integral 2 fatias médias de queijo branco	1 taça de salada de frutas	1 prato fundo de salada de tomate com brócolis 4 colheres (sopa) de arroz integral 1 concha de feijão 1 unidade de rolinho de linguado	1 xícara (200 ml) de leite desnatado com café 1 colher (chá) de açúcar 3 torradas integrais 2 pontas de faca de margarina light	1 prato (sobremesa) de salada de folhas verdes 1 panqueca de aveia com recheio de carne moída ao sugo	mingau de aveia: 1 xícara (200 ml) de leite desnatado + 1 colher (sobremesa) de mel + 2 colheres (sopa) de aveia

Receitas

Carne colorida

300 g de alcatra cortada em cubos
1 cebola picada
1 pimentão verde em cubos
1 pimentão vermelho em cubos
1 colher (sopa) de páprica doce
2 dentes de alho amassados
1 pitada de pimenta-do-reino em pó
1 colher (chá) de gengibre fresco ralado
½ xícara (chá) de purê de tomate
1 xícara (chá) de caldo de legumes
1 xícara (chá) de grão de bico cozido
1 colher (chá) de sal

Grelhe a carne em uma panela até que esteja dourada. Junte à carne a cebola e os pimentões e cozinhe por mais 2 minutos. Acrescente a páprica, os dentes de alho, a pimenta e o gengibre. Junte também o purê de tomate e o caldo de legumes. Espere ferver. Tampe a panela e cozinhe em fogo baixo por cerca de 30 minutos, adicionando água se necessário. Por fim, acrescente o grão de bico, tempere com sal e sirva.

Torta de pescada com abóbora

Recheio
2 colheres (sopa) de creme vegetal
1 cebola pequena picada
1 xícara (chá) de abóbora cortada em pedaços
300 g de filé de pescada cortado em cubos
1 pitada de sal
1 colher (sopa) de amido de milho
½ xícara (chá) de leite desnatado
1 colher (sopa) de salsinha picada

Massa
1 xícara (chá) de farinha de trigo integral
6 colheres (sopa) de creme vegetal
1 colher (sopa) de água
1 pitada de sal

Para polvilhar
2 colheres (sopa) de farinha de rosca
1 colher (sopa) de queijo parmesão ralado

Para o preparo do recheio, em uma panela, aqueça o creme vegetal Becel ou o azeite de oliva em fogo médio e refogue a cebola. Junte a abóbora e refogue por 4 minutos. Coloque o peixe e o sal e misture. Refogue por mais 5 minutos ou até a abóbora ficar macia, mexendo delicadamente. Dissolva o amido de milho no leite e junte ao refogado, mexendo sempre até engrossar. Adicione a salsinha e misture. Reserve.

Preaqueça o forno em temperatura média (180 °C) antes de iniciar o preparo da massa. Em uma tigela, junte a farinha, o creme vegetal ou o azeite de oliva, a água e o sal. Amasse delicadamente com a ponta dos dedos até formar uma massa homogênea. Abra a massa entre duas folhas de filme plástico. Coloque a massa em uma forma desmontável média para quiche (25 cm de diâmetro) e forre o fundo e a lateral, pressionando com os dedos. Faça furos na massa com um garfo e leve ao forno por 20 minutos ou até dourar levemente. Retire do forno. Espalhe o recheio na massa e volte ao forno por mais 10 minutos. Aguarde 5 minutos antes de desenformar. Desenforme com cuidado e sirva em seguida.

Sobrecoxa recheada

4 sobrecoxas desossadas e sem pele (400 g)
2 dentes de alho amassados
1 colher (café) de sal
½ xícara (chá) de vinho branco
Cheiro-verde a gosto

Recheio
½ xícara (chá) de espinafre cozido e espremido
½ xícara (chá) de ricota fresca

Para o recheio, amasse a ricota com um garfo e misture com o espinafre. Reserve. Abra os filés de sobrecoxa, coloque um pouco do recheio e feche com o auxílio de palitos de dente. Coloque o frango em um refratário, cubra com o tempero e deixe na geladeira por 1 hora para tomar gosto. Leve ao forno médio (180 °C) por cerca de 40 minutos ou até que esteja dourado.

Salada de brócolis e grão de bico

1 maço de brócolis cozido e separado em buquês
1 xícara (chá) de grão de bico cozido
100 g de ricota esfarelada
½ pote de iogurte natural desnatado (100 g)
1 colher (café) de curry
1 colher (café) de sal
1 colher (sopa) de cebolinha verde picada

Misture todos os ingredientes e mantenha na geladeira até o momento de servir.

Pescada no papilote

2 filés de pescada (200 g)
2 colheres (café) de sal
1 talo de salsão cortado em cubos
1 tomate cortado em cubos
½ xícara (chá) de cogumelos frescos cortados em fatias
1 colher (chá) de tirinhas de casca de limão
1 colher (chá) de tomilho fresco
2 colheres (chá) de azeite de oliva

Corte dois quadrados de folha dupla de papel-manteiga (30 x 30 cm) e disponha-os sobre uma assadeira. Coloque um filé de peixe em cada folha e tempere com o sal. Misture o restante dos ingredientes e despeje sobre os filés. Feche o papel-manteiga e leve ao forno médio (180 °C) por cerca de 20 minutos. Retire e abra com cuidado para não se queimar com o vapor. Sirva no próprio papilote.
Dica: o papel-manteiga pode ser substituído por papel-alumínio.

Hamburguinho de frango

500 g de peito de frango moído
2 colheres (sopa) de farinha de aveia
1 cenoura ralada
3 dentes de alho picado
sal a gosto
salsa a gosto
azeite

Misture todos os ingredientes com as mãos ou bata no processador. Faça os hambúrgueres e coloque-os em uma assadeira. Asse em forno 180 °C por 15 minutos ou grelhe em uma frigideira antiaderente.

Ratatouille

1 cebola cortada em fatias finas
½ pimentão verde cortado em fatias finas
1 tomate cortados em fatias finas
1 abobrinha cortada em fatias finas
60 g de cogumelos cortados em fatias finas
sal e pimenta-do-reino a gosto
½ xícara (chá) de suco de tomate
molho tabasco a gosto

Preaqueça o forno à 200 °C. Arrume em uma forma os legumes em camadas, salpicando cada uma com um pouco de sal e pimenta-do-reino. Misture o suco de tomate com o molho tabasco. Despeje-os sobre os legumes. Asse por aproximadamente 25 minutos.

Frango com gergelim

4 filés de frango cortados bem finos
1 colher (café) de sal
1 pitada de pimenta branca
1 pitada de gengibre em pó
4 colheres (sopa) de vinho branco

Cobertura
2 colheres (sopa) de maionese light
2 colheres (sopa) de gergelim preto
2 colheres (sopa) de azeite de oliva

Tempere os filés com o sal, a pimenta, o gengibre e o vinho. Pincele a maionese e salpique o gergelim. Unte uma assadeira antiaderente com metade do azeite, coloque os filés e pincele-los com o restante o azeite. Leve ao forno médio (180 °C), preaquecido, por cerca de 20 minutos, virando na metade do tempo. Retire e sirva.

Torta de brócolis

Massa

1 xícara (chá) de farinha de trigo
1 xícara (chá) de farinha de trigo integral
½ colher (chá) de sal
2 ovos
½ xícara (chá) de margarina light

Recheio

1 maço de brócolis (400 g)
1 cebola pequena picada
2 colheres (sopa) de creme vegetal
2 xícaras (chá) de água
½ xícara (chá) de creme de ricota light
2 xícaras (chá) de muçarela light ralada

Para pincelar

1 ovo batido

Para o preparo do recheio, separe as folhas de brócolis, lave, pique e reserve. Doure a cebola no creme vegetal. Junte o brócolis à água e deixe cozinhar. Se necessário, coloque um pouco mais de água e deixe secar. Adicione o creme de ricota, mexa e deixe esfriar. Junte a muçarela ralada, misture e reserve.
Na vasilha, peneire a farinha, junte o sal, os ovos, a margarina e misture até obter uma massa. Cubra com filme plástico e leve à geladeira por dez minutos. Abra $^2/_3$ da massa na espessura de 0,5 cm. Forre o fundo e as laterais de uma forma desmontável (20 cm de diâmetro). Com um garfo, faça furos na massa. Espalhe o recheio. Cubra com tiras de massa reservada. Pincele a torta com o ovo batido e leve para assar em forno médio, preaquecido por aproximadamente 30 minutos. Sirva quente.

Panqueca de aveia com recheio de carne moída ao sugo

Massa
1 copo de leite desnatado (250 ml)
¾ xícara (chá) de farinha de aveia
2 colheres (sopa) de óleo de canola
sal a gosto
2 ovos

Recheio
½ cebola picada
2 dentes de alho
1 cenoura ralada
400 g de carne moída magra
salsinha picada a gosto
sal a gosto

Bata todos os ingredientes da massa no liquidificador e reserve. Unte uma frigideira com óleo e espalhe uma porção de massa com cuidado, para que fique fina. Deixe dourar dos dois lados e coloque em um prato. Repita a operação até terminar toda a massa.

Para o recheio, refogue o alho e a cebola no óleo. Acrescente a cenoura e a carne moída. Misture todos os ingredientes e tempere a gosto. Adicione a salsinha picada. Coloque o recheio no centro na panqueca e enrole-a.

Opções de recheio: carne (carne moída, frango desfiado), verduras (espinafre, escarola), ricota temperada, palmito, peito de peru e queijo branco.

Carne ferrugem

1 kg de lagarto em peça sem gordura
1 cebola grande picada
2 dentes de alho amassados
½ xícara (chá) de vinho branco seco
½ xícara (chá) de purê de tomate
2 colheres (chá) de farinha de trigo
1 colher (sopa) de salsa picada
1 colher (chá) de sal

Amarre a carne para manter o formato. Aqueça uma panela de pressão antiaderente e, em seguida, coloque a carne, virando todos os lados até dourar bem. Acrescente a cebola, o alho, o vinho, o purê de tomate e 2 xícaras (chá) de água. Tampe e cozinhe por 1 hora. Espere sair a pressão, retire a carne da panela, fatie e reserve. Ao molho da panela acrescente a farinha de trigo dissolvida em 1 xícara (chá) de água, a salsa e o sal. Deixe engrossar o molho e sirva sobre a carne fatiada. Se quiser, salpique com salsa picada.

Omelete de vegetais ao forno

1 cebola picada
1 colher (chá) de azeite de oliva
1 cenoura picada
½ lata de milho verde
½ lata de ervilha
¼ xícara (chá) de champignon em conserva escorrido e cortado ao meio
1 colher (sopa) de salsa picada
200 g de ricota
4 claras
2 gemas
1 colher (sopa) de queijo parmesão light ralado

Para untar
1 colher (chá) de azeite de oliva

Doure a cebola no azeite e junte a cenoura, o milho verde, a ervilha e o champignon. Deixe refogar por 5 minutos. Junte a ricota amassada ao refogado, retire e coloque em um refratário untado com azeite. Bata as claras e junte as gemas. Tempere e coloque por cima do refogado. Polvilhe o parmesão e asse em forno médio até dourar.

Rolinho de linguado

4 filés de linguado (400 g)
1 colher (café) de sal

Recheio
1 fatia de pão integral, sem casca, esfarelado
1 colher (chá) de azeite de oliva
2 colheres (chá) de alcaparras picadas
1 cenoura pequena cortada em tiras finas
1 abobrinha cortada em tiras finas

Para pincelar
1 colher (chá) de azeite de oliva
suco de 1 limão

Tempere o peixe com sal. Coloque o pão esfarelado com o azeite em uma frigideira antiaderente. Mexa e adicione as alcaparras. Coloque essa mistura sobre os filés. Distribua as tiras de cenoura e abobrinha sobre eles e enrole. Prenda com palitos. Misture o azeite com o suco de limão e pincele os filés. Salpique as sementes de gergelim. Coloque-os em um refratário, cubra com papel-alumínio e leve ao forno médio (180 °C) por 15 minutos. Retire o papel e deixe dourar por mais 5 minutos.

Cardápio para a 5ª semana

	Café da Manhã	Lanche da Manhã	Almoço	Lanche da Tarde	Jantar	Lanche da Noite
1	1 xícara (200 ml) de leite desnatado com café 1 colher (chá) de açúcar 2 fatias de pão de forma integral 2 pontas de faca de margarina light ½ mamão papaia	1 banana	1 prato (sobremesa) de salada de folhas verdes com tomate 4 colheres (sopa) de arroz integral 2 colheres (sopa) de estrogonofe de frango com berinjela	1 iogurte light/ desnatado 2 colheres (sopa) de farelo de aveia 1 maçã	3 colheres (sopa) de escarola refogada com tomate 4 colheres (sopa) de arroz integral 1 concha média de feijão 1 porção de omelete de legumes	1 xícara (200 ml) de leite desnatado 1 colher (sobremesa) de mel 6 biscoitos de água e sal
2	1 copo (200 ml) de suco de laranja com cenoura e mamão 1 pão francês integral 2 fatias médias de queijo branco	1 maçã	1 prato (sobremesa) de salada de folhas verdes 3 colheres (sopa) de cenoura sauté 3 colheres (sopa) de ervilhas cozidas 4 colheres (sopa) de arroz integral 2 filés de escabeche de sardinha	1 xícara (200 ml) de leite desnatado com café 1 colher (chá) de açúcar 3 torradas integrais 1 colher (sopa) de geleia com 100% de fruta	1 prato (sobremesa) de salada de alface 3 colheres (sopa) de tabule de quinoa 1 bife (100 g) grelhado	1 iogurte light/ desnatado 1 fatia de pão de forma integral 1 ponta de faca de margarina light
3	vitamina: 1 xícara (200 ml) de leite desnatado + ½ mamão papaia + 1 colher (sopa) de farelo de aveia + 1 colher (sobremesa) de mel 1 fatia de pão de forma integral 1 ponta de faca de margarina light	1 taça de salada de frutas	1 prato (sobremesa) de salada de folhas verdes 3 colheres (sopa) de purê de abóbora com sálvia 4 colheres (sopa) de arroz integral 1 concha de feijão 1 filé (100 g) de frango grelhado	1 iogurte light/ desnatado 6 biscoitos integrais salgados ½ mamão papaia	4 ramos de brócolis ao vapor com refogado de alho 2 colheres (sopa) de beterraba ralada 1 pedaço médio de torta mineira de carne	mingau de aveia: 1 xícara (200 ml) de leite desnatado + 1 colher (sobremesa) de mel + 2 colheres (sopa) de aveia

4	1 copo (200 ml) de suco natural abacaxi com couve 2 fatias de pão de forma integral 2 colheres (sopa) de queijo *cottage*	1 pera	1 prato (sobremesa) de salada de folhas verdes com tomate e palmito 4 colheres (sopa) de arroz integral com vagem e cenoura picadinhos 2 colheres (sopa) de linguado ao creme	1 taça de salada de frutas ½ xícara de granola light 1 iogurte light/ desnatado	3 colheres (sopa) de espinafre refogado 3 colheres (sopa) de cenoura cozida 4 colheres (sopa) de arroz integral 3 colheres (sopa) de carne moída com refogado de tomate e salsinha	1 xícara (200 ml) de leite desnatado 1 colher (sobremesa) de mel 6 biscoitos de água e sal
5	1 xícara (200 ml) de leite desnatado com café 1 colher (chá) de açúcar 2 fatias de pão de forma integral 2 pontas de faca de margarina light ½ mamão papaia	1 banana	1 prato (sobremesa) de salada de folhas verdes 3 colheres (sopa) de abobrinha refogada 4 colheres (sopa) de purê de mandioquinha 1 filé de frango à parmegiana light	1 copo (200 ml) de suco de abacaxi com morango 3 torradas integrais 2 fatias médias de queijo branco	3 colheres (sopa) de mix de acelga e repolho refogados 2 colheres (sopa) de abóbora assada 4 colheres (sopa) de arroz integral 1 concha de feijão 2 unidades de charutinho caipira	1 iogurte light/ desnatado 2 torradas integrais 1 colher (sobremesa) de geleia diet
6	vitamina: 1 xícara (200 ml) de leite desnatado + 1 maçã + 1 colher (sopa) de farelo de aveia + 1 colher (sobremesa) de açúcar 1 fatia de pão de forma integral 1 ponta de faca de margarina light	1 banana	1 prato (sobremesa) de salada rica 4 colheres (sopa) de arroz integral 1 concha de feijão 1 posta (100 g) de peixe assada	1 iogurte light/ desnatado 2 colheres (sopa) de farelo de aveia 1 banana	3 colheres (sopa) de vagem refogada 1 pedaço médio de torta integral de espinafre 3 colheres (sopa) de carne de panela (patinho, coxão mole/duro) com tomate	1 xícara (200 ml) de leite desnatado 1 colher (sobremesa) de mel 6 biscoitos de água e sal
7	1 copo (200 ml) de suco de laranja 1 pão francês integral 2 fatias médias de queijo branco	1 taça de salada de frutas	1 prato (sobremesa) de salada de folhas verdes 4 colheres (sopa) de arroz integral 3 colheres (sopa) de grão de bico com vinagrete 1 filé (100 g) de frango grelhado com cebola	1 xícara (200 ml) de leite desnatado com café 1 colher (chá) de açúcar 3 torradas integrais 2 pontas de faca de margarina light	3 colheres (sopa) de cenoura cozida 1 pedaço médio de lasanha verde	mingau de aveia: 1 xícara (200 ml) de leite desnatado + 1 colher (sobremesa) de mel + 2 colheres (sopa) de aveia

Receitas

Omelete de legumes

2 colheres (sopa) de azeite
1 cebola cortada em cubos
sal a gosto
1 xícara (chá) de cenoura cozida em rodelas finas
1 xícara (chá) de ervilhas frescas
1 xícara (chá) de vagem cozida picada
4 colheres (sopa) de salsa picada
6 claras
4 gemas

Em uma frigideira, aqueça o azeite e refogue a cebola e o alho. Junte a cenoura, as ervilhas e a vagem. Tempere com sal e abaixe o fogo. Em uma vasilha, misture as claras e as gemas. Acrescente a panela, os ovos e a salsa. Abaixe o fogo e deixe cozinhar por, aproximadamente, 8 minutos. Vire a omelete e deixe cozinhar também do outro lado. Tampe e deixe por mais 5 minutos. Sirva quente.

Estrogonofe de frango com berinjela

300 g de filé de frango cortado em tiras
1 colher (sopa) de sal
1 pitada de pimenta-do-reino branca
1 colher (chá) de azeite de oliva
1 cebola picada
1 berinjela média cortada em cubos
3 tomates sem pele e sem sementes picados
1 colher (sopa) de mostarda
2 colheres (sopa) de catchup light
1 colher (chá) de molho inglês
1 lata de creme de leite light
salsa picada a gosto

Tempere o frango com o sal e a pimenta. Aqueça o azeite e doure o frango, junte a cebola e a berinjela e refogue para amaciar. Misture o restante dos ingredientes, com exceção do creme de leite e da salsa, e deixe por 5 minutos. Retire, acrescente o creme de leite, a salsa e sirva na hora.

Escabeche de sardinha

8 filés de sardinhas médias limpas (400 g)
1 colher (café) de sal
1 pitada de pimenta-do-reino branca
3 colheres (sopa) de suco de limão
6 colheres (sopa) de salsinha picada
6 colheres (sopa) de cebolinha picada
1 colher (chá) de alecrim fresco
2 dentes de alho amassados
2 colheres (sopa) de azeite de oliva
2 colheres (sopa) de cogumelos em conserva fatiados

Coloque as sardinhas temperadas com sal, pimenta e limão em um refratário untado com azeite, com a pele voltada para baixo. Misture o restante dos ingredientes e espalhe por cima. Leve ao forno médio (180 °C), coberto com papel-alumínio por 15 minutos. Retire o papel e deixe mais 10 minutos. Sirva quente ou frio.

Tabule de quinoa

2 xícaras de quinoa cozida e fria
4 tomates sem sementes cortados em pedacinhos
1/2 xícara de salsa picada
1/4 xícara de folhas de hortelã picada
4 colheres (sopa) de azeite de oliva
2 colheres (sopa) de suco de limão
sal a gosto

Misturar todos os ingredientes e deixar na geladeira por 2 horas. Antes de servir temperar com azeite e limão. Sal a gosto.

Torta mineira de carne

Massa
1 ovo
10 colheres (sopa) de margarina sem sal (150 g)
2 ½ xícaras (chá) de farinha de aveia

Recheio
300 g de carne moída magra
1 colher (chá) de sal

1 cebola picada
1 colher (chá) de azeite de oliva
¼ xícara (chá) de purê de tomate
1 colher (chá) de farinha de trigo
1 colher (sopa) de salsa picada
3 claras
200 g de queijo minas sem sal

Para o preparo da massa, reserve 1 colher (chá) da gema do ovo. Misture o restante com a margarina e a farinha de trigo até ficar uma massa firme. Deixe descansar por cerca de 20 minutos. Enquanto isso, prepare o recheio.
Para o recheio, refogue a carne em uma panela, mexendo bem até que fique dourada. Tempere com o sal, adicione a cebola, o azeite e o purê de tomate e mexa por mais 5 minutos. Deixe esfriar. Bata as claras com o queijo no liquidificador e reserve. Divida a massa em duas partes e abra cada parte em uma mesa recoberta por farinha. Forre o fundo e os lados de uma forma redonda de furo central (22 cm de diâmetro) com uma parte da massa. Espalhe o recheio de carne no fundo e despeje a mistura de queijo. Cubra com a outra parte da massa e feche bem. Pincele a gema reservada e leve ao forno médio (180 °C), preaquecido, por cerca de 30 minutos ou até ficar firme e dourada. Sirva quente.

Linguado ao creme

400 g de linguado cortados em tiras grossas
1 colher (chá) de sal
pimenta-do-reino branca a gosto
1 colher (sopa) de azeite de oliva
1 cebola picada
1 colher (chá) de açafrão
1 colher (sopa) de farinha de aveia
½ xícara (chá) de vinho branco
2 colheres (sopa) de creme de ricota light
cebolinha cortada em anéis

Tempere o linguado com o sal e a pimenta. Reserve. Aqueça o azeite em uma frigideira antiaderente e refogue a cebola. Junte o peixe, deixe dourar dos dois lados rapidamente e salpique o açafrão e a farinha de aveia. Acrescente o vinho e o creme de ricota e cozinhe em fogo baixo por 5 minutos, mexendo de vez em quando com cuidado. Salpique a cebolinha e sirva.

Frango à parmegiana light

4 filés de frango (400 g)
2 dentes de alho amassados
1 colher (chá) de sal
1 colher (sopa) de suco de limão
1 clara
1 xícara (chá) de farinha de rosca
1 colher (sopa) de óleo de canola

<u>Molho</u>
3 tomates sem pele e sem sementes batidos
1 cebola picada
2 colheres (sopa) de cebolinha verde picada
1 colher (sopa) de extrato de tomate
1 pitada de sal
2 colheres (sopa) de queijo parmesão light
75 g de cream cheese *light*
folhinhas de manjericão (opcional)

Tempere os filés com alho, sal e limão. Passe-os pela clara batida com garfo e, em seguida, pela farinha de rosca. Coloque em uma assadeira untada com metade do óleo e pincele os filés com o restante. Leve ao forno médio (180 °C) por cerca de 20 minutos. Vire os filés do outro lado e deixe por mais 10 minutos. Para o molho, misture os ingredientes, exceto o queijo e o manjericão, e leve ao fogo para apurar. Quando estiver pronto, coloque um pouco de molho sobre cada filé, salpique o queijo ralado e enfeite com o cream cheese. *Volte ao forno por mais 5 minutos. Retire, decore com manjericão e sirva.*

Charutinho caipira

6 folhas de couve-manteiga grandes

<u>Recheio</u>
200 g de carne moída magra
½ cebola ralada
2 espigas de milho verde cozidas
1 colher (sopa) de salsa picada
1 colher (chá) de sal

<u>Molho</u>
1 ½ xícara (chá) de caldo de legumes
½ xícara (chá) de purê de tomate
salsa bem picada (opcional)

Corte cada folha de couve ao meio e escalde em água fervente. Reserve. Para o recheio, misture todos os ingredientes. Coloque um pouco de recheio sobre cada metade das folhas de couve e enrole-as como um charuto. Para o molho, misture os ingredientes. Em uma panela, acomode os charutinhos, um ao lado do outro, e regue com o molho. Tampe a panela e leve ao fogo baixo por cerca de 30 minutos. Salpique a salsinha e sirva.

Salada rica

2 xícaras (chá) de folhas verdes
1 xícara (chá) de grão de bico cozido
1 cenoura crua ralada
1 lata de milho verde
1 xícara (chá) de queijo minas light cortado em cubos
hortelã fresca picada a gosto
salsa picada a gosto
1 colher (sopa) de azeite de oliva extravirgem

Forre uma saladeira com as folhas verdes. Misture os ingredientes, coloque sobre as folhas e sirva.

Torta integral de espinafre

Massa
1 xícara (chá) de farinha de trigo integral
½ xícara (chá) de farinha de trigo
100 g de margarina
1 gema
¼ de xícara (chá) de água
sal a gosto

Recheio
1 maço de espinafre
1 colheres (sopa) de azeite de oliva extravirgem
½ cebola picada
250 g de queijo cottage
1 pitada de noz-moscada ralada
sal a gosto

Em uma tigela, coloque todos os ingredientes da massa e misture bem com as mãos. Polvilhe um pouco de farinha sobre uma superfície limpa e trabalhe a massa, com as mãos, até que fique lisa e uniforme. Faça uma bola, embrulhe com filme e leva à geladeira por 30 minutos. Preaqueça o

forno a 180 °C. Enquanto a massa resfria, prepare o recheio. Polvilhe com farinha uma superfície limpa e abra a massa com um rolo até ficar com 2 mm de espessura. Unte 4 forminhas individuais para suflê (ramequim) com margarina light e polvilhe com farinha de trigo. Forre as formas preparadas com a massa e aperte com os dedos. Retire o excesso das bordas. Junte as aparas da massa e abra novamente com o rolo. Corte 4 rodelas do tamanho das forminhas para fazer uma tampa para cada torta. Reserve. Coloque o recheio nas formas preparadas e feche com as tampas. Aperte bem as bordas, faça uma cruz de 2 cm com uma faca e puxe as pontas para fora, formando um buraco que sirva de respiro. Leve as forminhas ao forno preaquecido e deixe assar por 45 minutos ou até que a massa fique dourada. Sirva a seguir.
Para iniciar o preparo do recheio, higienize as folhas de espinafre. Em uma panela grande, refogue a cebola no azeite de oliva extravirgem. Junte as folhas de espinafre e tampe. Deixe cozinhar por 5 minutos, ou até que as folhas murchem, mexendo de vez em quando. Retire a panela do fogo e misture o queijo cottage. *Tempere com uma pitada de noz-moscada e sal. O recheio está pronto para ser utilizado.*

Lasanha verde

1 maço pequeno de espinafre cozido e espremido
½ xícara (chá) de requeijão light
1 ½ xícara (chá) de leite desnatado
1 colher (sopa) de azeite de oliva
2 colheres (sopa) de cebola ralada
2 colheres (sopa) de farinha de trigo
1 colher (chá) de sal
1 pitada de noz-moscada
400 g de massa para lasanha pré-cozida
200 g de muçarela light fatiada
4 colheres (sopa) de queijo parmesão light ralado

No liquidificador, bata o espinafre, o requeijão, o leite e a farinha. Aqueça o azeite em uma panela antiaderente e doure a cebola. Junte à mistura do liquidificador. Tempere com o sal e a noz-moscada e vá mexendo até engrossar. Reserve. Na montagem, coloque no fundo de um refratário um pouco de molho, uma camada de massa de lasanha e uma de muçarela light. Vá alterando as camadas, finalizando com o molho. Salpique o queijo parmesão e leve ao forno médio (180 °C) por cerca de 30 minutos. Retire e sirva em seguida.

Cardápio para a 6ª semana

	Café da Manhã	Lanche da Manhã	Almoço	Lanche da Tarde	Jantar	Lanche da Noite
1	1 xícara (200 ml) de leite desnatado com café 1 colher (chá) de açúcar 2 fatias de pão de forma integral 2 pontas de faca de margarina light ½ mamão papaia	1 banana 1 xícara (200 ml) de chá verde com adoçante	3 colheres (sopa) de mix de legumes ao vapor (cenoura, abobrinha, vagem, chuchu) 2 pegadores de parafuso com escarola e tomate 1 bife (100 g) grelhado	1 iogurte light/ desnatado 2 colheres (sopa) de farelo de aveia 1 maçã	1 prato (sobremesa) de folhas verdes com tomate e pepino 4 colheres (sopa) de arroz integral 1 concha de feijão 1 filé de frango ao limão	1 xícara (200 ml) de leite desnatado 1 colher (sobremesa) de mel 6 biscoitos de água e sal
2	1 copo (200 ml) de suco de laranja com cenoura e mamão 1 pão francês integral 2 fatias médias de queijo branco	1 maçã 1 xícara de chá verde com adoçante	3 colheres (sopa) de mix de repolho branco e roxo 2 colheres (sopa) de cenoura ralada 4 colheres (sopa) de arroz integral 1 concha de feijão 1 filé de peixe com farofa de castanha de caju	1 xícara (200 ml) de leite desnatado com café 1 colher (chá) de açúcar 3 torradas integrais 1 colher (sopa) de geleia com 100% de fruta	1 prato (sobremesa) de salada de folhas verdes com ervilhas frescas 1 pedaço médio de quiche de alho--poró com alecrim 3 colheres (sopa) de carne de panela (patinho, coxão mole/duro) com legumes	1 iogurte light/ desnatado 1 fatia de pão de forma integral 1 ponta de faca de margarina light
3	vitamina: 1 xícara (200 ml) de leite desnatado + ½ mamão papaia + 1 colher (sopa) de farelo de aveia + 1 colher (sobremesa) de mel 1 fatia de pão de forma integral 1 ponta de faca de margarina light	1 taça de salada de frutas 1 xícara de chá verde com adoçante	1 prato (sobremesa) de salada de folhas verdes 4 colheres (sopa) de risoto de quinoa com tomate e queijo branco 1 bife (100 g) grelhado	1 iogurte light/ desnatado 6 biscoitos integrais salgados ½ mamão papaia	1 prato (sobremesa) de salada de folhas verdes 2 colheres (sopa) de salada de brócolis com grão de bico 4 colheres (sopa) de purê de mandioquinha com cenoura 1 filé (100 g) de frango grelhado	mingau de aveia: 1 xícara (200 ml) de leite desnatado + 1 colher (sobremesa) de mel + 2 colheres (sopa) de aveia

4	1 copo (200 ml) de suco natural abacaxi com couve 2 fatias de pão de forma integral 2 colheres (sopa) de queijo *cottage*	1 pera 1 xícara de chá verde com adoçante	3 colheres (sopa) de espinafre refogado 3 colheres (sopa) de abobrinha refogada 4 colheres (sopa) de arroz integral 1 concha de feijão 1 filé de badejo grelhado	1 taça de salada de frutas ½ xícara de granola light 1 iogurte light/ desnatado	1 prato (sobremesa) de salada de folhas verdes 3 colheres (sopa) de abóbora refogada 4 colheres (sopa) de arroz integral 3 colheres (sopa) de carne moída com cenoura e azeitonas	1 xícara (200 ml) de leite desnatado 1 colher (sobremesa) de mel 6 biscoitos de água e sal
5	1 xícara (200 ml) de leite desnatado com café 1 colher (chá) de açúcar 2 fatias de pão de forma integral 2 pontas de faca de margarina light ½ mamão papaia	1 banana 1 xícara de chá verde com adoçante	3 colheres (sopa) de acelga refogada 3 colheres (sopa) de salada colorida 4 colheres (sopa) de mandioquinha assada 1 filé (100 g) de frango grelhado com molho de tomate e manjericão	1 copo (200 ml) de suco de abacaxi com morango 3 torradas integrais 2 fatias médias de queijo branco	1 prato (sobremesa) de salada de folhas verdes com tomate e palmito 4 colheres (sopa) de arroz integral 1 concha de feijão 1 filé de lombo com cenoura ao molho de laranja	1 iogurte light/ desnatado 2 torradas integrais 1 colher (sobremesa) de geleia diet
6	vitamina: 1 xícara (200 ml) de leite desnatado + 1 maçã + 1 colher (sopa) de farelo de aveia + 1 colher (sobremesa) de açúcar 1 fatia de pão de forma integral 1 ponta de faca de margarina light	1 banana 1 xícara de chá verde com adoçante	1 prato (sobremesa) de salada especial com morango 4 colheres (sopa) de arroz integral 1 concha de lentilha refogada 1 posta (100 g) de peixe assado com legumes	1 iogurte light/ desnatado 2 colheres (sopa) de farelo de aveia 1 banana	3 colheres (sopa) de escarola refogada 3 colheres (sopa) de beterraba ralada 1 pedaço médio de quiche integral de palmito com tomate cereja 1 bife (100 g) grelhado	1 xícara (200 ml) de leite desnatado 1 colher (sobremesa) de mel 6 biscoitos de água e sal
7	1 copo (200 ml) de suco de laranja 1 pão francês integral 2 fatias médias de queijo branco	1 taça de salada de frutas 1 xícara de chá verde com adoçante	1 prato (sobremesa) de salada de folhas verdes 3 colheres (sopa) de cenoura cozida 2 pegadores de nhoque à bolonhesa	1 xícara (200 ml) de leite desnatado com café 1 colher (chá) de açúcar 3 torradas integrais 2 pontas de faca de margarina light	3 colheres (sopa) de espinafre refogado 2 colheres (sopa) de berinjela refogada 4 colheres (sopa) de arroz integral 1 concha de feijão 1 filé de frango com castanha de caju	mingau de aveia: 1 xícara (200 ml) de leite desnatado + 1 colher (sobremesa) de mel + 2 colheres (sopa) de aveia

Receitas

Parafuso com escarola e tomate

½ pacote de macarrão tipo parafuso (250 g)
2 dentes de alho amassados
2 colheres (sopa) azeite de oliva
3 xícaras (chá) escarola picada
1 colher (chá) sal
1 cebola pequena bem picada
3 tomates sem pele e sementes cortados em cubos
folhas de manjericão a gosto
2 colheres (sopa) queijo parmesão ralado light

Cozinhe o macarrão em bastante água fervente, até ficar al dente. *Escorra bem e reserve-o em lugar aquecido. Em uma panela, refogue o alho em 1 colher (sopa) de azeite e junte a escarola e o sal. Misture o refogado ao macarrão e reserve. Com o restante do azeite, refogue a cebola até murchar. Adicione os tomates e o manjericão, mexa por mais 5 minutos, misture ao macarrão e sirva salpicado com o parmesão.*

Quiche de alho-poró com alecrim

Massa
2 xícaras (chá) de farinha de trigo integral
½ xícara (chá) de farinha de trigo
100 g de margarina
½ colher (chá) de sal
2 colheres (sopa) de água fria

Recheio
2 alhos-porós
2 colheres (sopa) de alecrim
1 colher (sopa) de azeite de oliva extravirgem
4 ovos
400 ml de creme de leite light
sal e noz-moscada a gosto

Em uma tigela, adicione todos os ingredientes da massa e misture bem com as mãos até obter uma massa homogênea. Modele uma bola com a massa. Forre o fundo e as laterais de uma forma de fundo removível

(20 cm de diâmetro) com a massa. Para abrir a massa, use as mãos em vez do rolo. Leve a forma forrada com a massa à geladeira e comece a preparar o recheio.
Para o recheio, com uma faca afiada, corte o alho-poró em rodelas finas. Em uma panela, coloque o azeite de oliva para esquentar e refogue o alho-poró por 5 minutos, mexendo sempre. Adicione o alecrim e mexa por mais 3 minutos. Tempero com sal, desligue o fogo e reserve. Preaqueça o forno a 180 °C. Em uma tigela, junte o creme de leite light e os ovos e misture até ficar homogêneo. Tempere com sal e noz-moscada. Retire a forma da geladeira. Distribua as rodelas de alho-poró na forma para que todo o fundo fique coberto. Em seguida, despeje a mistura de ovos com creme de leite sobre o alho-poró. Leve a forma ao forno preaquecido e deixe assar por, aproximadamente, 30 minutos ou até a superfície do quiche ficar dourada. Sirva a seguir.

Filé de frango ao limão

1 clara de ovo batida levemente
1 colher (chá) de gengibre ralado
4 filés de frango
2 colheres (sopa) de farinha de aveia
sal e pimenta-do-reino a gosto
1 colher (sopa) de óleo de canola
rodelas de limão para decorar

Molho
½ xícara (chá) de suco de lima
1 colher (chá) de gengibre ralado
1 colher (chá) de açúcar mascavo
1 ½ colher (sopa) amido de milho
1 xícara (chá) de água
sal a gosto

Misture a clara com o gengibre e pincele os pedaços de frango. Cubra-os com farinha, sal e pimenta-do-reino misturados. Asse o frango em forno médio até que fique dourado. Para o molho, misture todos os ingredientes, deixe levantar fervura e cozinhe por 3 minutos, mexendo sem parar. Para servir, despeje o molho sobre os pedaços de frango e decore com as rodelas de limão.

Peixe com farofa de castanha de caju

400 g de filé de pescada
suco de ½ limão
1 colher (chá) de sal
pimenta-do-reino branca a gosto
1 colher (sopa) de azeite de oliva
1 cebola picada
3 tomates sem pele e sementes picados
¼ de xícara (chá) de cebolinha picada
¼ de xícara (chá) de farinha de rosca
¼ de xícara (chá) de castanhas de caju picada

Tempere o peixe com o limão, o sal e a pimenta. Aqueça metade do azeite em uma panela e refogue a cebola. Acrescente o peixe, os tomates e a cebolinha e deixe cozinhar até desmanchar, mexendo de vez em quando. Misture a farinha de rosca com a castanha de caju. Em um refratário médio, coloque o refogado de peixe e cubra com a castanha de caju. Regue com o restante do azeite e leve ao forno médio (180 °C) por 25 minutos ou até que fique dourado.

Risoto de quinoa com tomate e queijo branco

350 g de quinoa
1 cebola
4 tomates
200 ml vinho branco
600 ml caldo de vegetais
250 g de espinafre
2 dentes de alho
sal a gosto
noz-moscada
150 g de queijo branco

Corte a cebola em fatias finas e refogue até ficarem transparentes. Junte a quinoa e esquente até que os grãos absorvam todo o líquido. Junte os tomates descascados e picados, o vinho e deixe cozinhar em temperatura média até que a quinoa absorva todo o líquido. Acrescente o caldo de vegetais aos poucos e cozinhe em fogo baixo. À parte, lave o espinafre e adicione o alho. Cozinhe suavemente até que o líquido evapore. Junte o espinafre com o risoto de quinoa. Tempere com sal, pimenta e noz-moscada. Salpique no risoto pronto 150 g de queijo branco ou queijo de cabra ralado ou parmesão de boa qualidade.

Salada de brócolis com grão de bico

1 maço de brócolis cozido e separado em buquês
1 xícara (chá) de grão de bico cozido
100 g de ricota esfarelada
½ pote de iogurte natural desnatado (100 g)
1 colher (café) de curry
1 colher (café) de sal
1 colher (sopa) de cebolinha verde picada

Misture todos os ingredientes e mantenha em geladeira até o momento de servir.

Badejo grelhado especial

4 filés de badejo
4 colheres (sopa) de vinho branco
1 colher (chá) de mostarda
1 colher (chá) de sal
1 cebola roxa cortada em rodelas finas
1 colher (chá) de gengibre fresco ralado
1 colher (sopa) de azeite de oliva
cebolinha verde picada a gosto

Tempere os filés de badejo com o vinho branco, a mostarda e o sal. Grelhe os filés em uma frigideira antiaderente até dourarem dos dois lados. Reserve. Em uma panela, coloque a cebola, o gengibre e o azeite e deixe refogar, em fogo baixo, por cerca de 10 minutos. Retire do fogo, salpique a cebolinha e sirva sobre o badejo.

Lombo com cenoura ao molho de laranja

2 filés de lombo (200 g)
1 dente de alho amassado
1 colher (chá) de sal
2 colheres (sopa) de vinho branco
½ xícara (chá) de suco de laranja natural
1 colher (sopa) de catchup light
1 colher (chá) de amido de milho
1 colher (café) de sal
2 colheres (sopa) de salsinha picada
2 cenouras médias cozidas, cortadas em rodelas

Tempere o lombo com o alho e o sal. Grelhe em frigideira antiaderente. Retire. Na frigideira, adicione o restante dos ingredientes e deixe engrossar ligeiramente. Acrescente as cenouras. Sirva sobre o lombo e decore a gosto.

Salada especial com morango

Salada

1 xícara (chá) de alface
1 xícara (chá) de rúcula
2 xícaras (chá) de morango
100 g de queijo prato light ralado
2 colheres (sopa) de amêndoa torrada

Molho

2 colheres (chá) de azeite de oliva extravirgem
1 colher (chá) de aceto balsâmico
2 colheres (sopa) de água
1 colher (chá) de mostarda
manjericão fresco a gosto

Para o preparo da salada, arrume a alface e a rúcula em uma saladeira e distribua os morangos e o queijo prato sobre elas. Salpique as amêndoas torradas.
Misture os ingredientes do molho e regue a salada na hora de servir.

Nhoque à bolonhesa

Massa

500 g de batatas cozidas e amassadas
1 clara
1 colher (sopa) de margarina cremosa light sem sal
1 xícara (chá) de farinha de trigo

Molho

3 tomates sem pele e sem sementes picados
1 cenoura cortada em cubos pequenos
½ xícara (chá) de purê de tomate
cheiro-verde a gosto
1 colher (chá) de sal
½ xícara (chá) de água
1 cebola picada

250 g de carne moída magra (patinho)
2 colheres (sopa) de queijo parmesão ralado light
1 colher (chá) de azeite de oliva
2 dentes de alho amassados

Para o molho, coloque em uma panela os tomates, a cenoura, o purê de tomate, o cheiro-verde e o sal. Tampe a panela e deixe cozinhar em fogo baixo para o molho apurar. Retire, espere esfriar e bata no liquidificador com a água. Aqueça o azeite em uma panela antiaderente e coloque o alho, a cebola e a carne. Misture até ficar bem solta. Junte o conteúdo do liquidificador e deixe cozinhar até engrossar.

Inicie o preparo da massa misturando as batatas, a clara, a margarina e o sal e vá adicionando a farinha de trigo até ficar uma massa firme. Faça rolinhos com a massa e corte-os em pedaços. Reserve. Leve ao fogo uma panela grande com cerca de 4 litros de água. Adicione os nhoques, aos poucos, até que subam à superfície. Coloque em uma travessa, cubra com o molho, salpique o queijo e leve ao forno médio (180 °C) para aquecer. Retire e sirva em seguida.

Quiche integral de palmito com tomate cereja

Massa
4 colheres (sopa) de margarina cremosa sem sal
1 pitada de sal
1 ½ xícara (chá) de farinha de trigo integral

Recheio
200 g de creme de leite light
1 ovo
2 claras
150 g de queijo minas light
2 xícaras (chá) de palmito cortado em rodelas
1 colher (chá) de sal
pimenta-do-reino a gosto
10 tomates cereja cortados ao meio

Misture a margarina e o sal e vá adicionando a farinha de trigo até obter uma massa firme que desgrude das mãos. Se necessário, acrescente um pouco de água. Deixe a massa descansar enquanto prepara o recheio. Bata no liquidificador o creme de leite, o ovo, as claras e o queijo. Coloque a mistura em uma tigela e acrescente o palmito, o sal e a pimenta. Mexa bem.

Abra a massa sobre uma mesa enfarinhada e forre o fundo e as laterais de uma forma média de aro removível (22 cm de diâmetro). Coloque o recheio e espalhe os tomates com a polpa virada para baixo. Leve ao forno médio (180 °C), preaquecido, por cerca de 30 minutos. Retire do forno, decore com folhas de manjericão e sirva.

Frango com castanha do Brasil

4 filés de frango (400 g)
1 dente de alho amassado
1 colher (chá) de sal
4 colheres (sopa) de aveia em flocos finos
1 clara ligeiramente batida
50 g de castanha-do-pará picada
1 colher (sopa) de óleo

Molho
½ xícara (chá) de ricota
2 colheres (sopa) de queijo parmesão light
½ xícara (chá) de leite desnatado

Tempere os filés com o alho e o sal e empane-os na aveia. Passe os filés pela clara e pela castanha-do-pará. Unte uma assadeira antiaderente com metade do óleo e disponha os 4 filés, um ao lado do outro, regue--os com o restante do óleo e leve ao forno médio (180 °C) por cerca de 20 minutos, virando no meio do cozimento. Retire do forno e sirva com molho de ervas. Para o molho, bata a ricota, o queijo parmesão e o leite no liquidificador. Coloque a mistura em uma panela e leve ao fogo baixo, apenas para aquecer. Retire do fogo, misture as ervas e sirva com o frango.

Cardápio para a 7ª semana

	Café da Manhã	Lanche da Manhã	Almoço	Lanche da Tarde	Jantar	Lanche da Noite
1	1 xícara (200 ml) de leite desnatado com café 1 colher (chá) de açúcar 2 fatias de pão de forma integral 2 pontas de faca de margarina light ½ mamão papaia	1 banana	1 prato (sobremesa) de salada de folhas verdes com cenoura, palmito e ervilha 1 unidade de tomate recheado com quinoa 1 bife (100 g) grelhado	1 iogurte light/ desnatado 2 colheres (sopa) de farelo de aveia 1 maçã	3 colheres (sopa) de couve refogada 2 colheres (sopa) de beterraba cozida 1 pedaço médio de torta de peixe	1 xícara (200 ml) de leite desnatado 1 colher (sobremesa) de mel 6 biscoitos de água e sal
2	1 copo (200 ml) de suco de laranja com cenoura e mamão 1 pão francês integral 2 fatias médias de queijo branco	1 maçã	1 prato (sobremesa) de salada de tomate, pepino, manjericão e cebola 2 colheres (sopa) de acelga refogada 4 colheres (sopa) de arroz integral 1 concha média de feijão 1 filé de frango coberto com aveia	1 xícara (200 ml) de leite desnatado com café 1 colher (chá) de açúcar 3 torradas integrais 1 colher (sopa) de geleia com 100% de fruta	1 prato (sobremesa) de salada de folhas verdes 3 colheres (sopa) de abobrinha refogada 2 pegadores de macarrão integral ao sugo 4 colheres (sopa) de carne moída com brócolis picadinho	1 iogurte light/ desnatado 1 fatia de pão de forma integral 1 ponta de faca de margarina light
3	vitamina: 1 xícara (200 ml) de leite desnatado + ½ mamão papaia + 1 colher (sopa) de farelo de aveia + 1 colher (sobremesa) de mel 1 fatia de pão de forma integral 1 ponta de faca de margarina light	1 taça de salada de frutas	2 colheres (sopa) de espinafre refogado 3 colheres (sopa) de berinjela 4 colheres (sopa) de batata sauté 1 posta (100 g) de peixe assado/grelhado	1 iogurte light/ desnatado 6 biscoitos integrais salgados ½ mamão papaia	1 prato (sobremesa) de salada de folhas verdes com soja cozida e vinagrete 1 pedaço médio de quiche de carne à jardineira	mingau de aveia: 1 xícara (200 ml) de leite desnatado + 1 colher (sobremesa) de mel + 2 colheres (sopa) de aveia

	Café da Manhã	Lanche da Manhã	Almoço	Lanche da Tarde	Jantar	Lanche da Noite
4	1 copo (200 ml) de suco natural abacaxi com couve 2 fatias de pão de forma integral 2 colheres (sopa) de queijo *cottage*	1 pera	1 prato (sobremesa) de salada de folhas verdes 2 colheres (sopa) de abóbora cozida 4 colheres (sopa) de arroz integral 1 concha de lentilhas 1 pedaço médio (100 g) de lombo assado	1 taça de salada de frutas ½ xícara de granola light 1 iogurte light/ desnatado	3 colheres (sopa) de mix de repolho e escarola refogados 4 colheres (sopa) de milho fresco cozido 3 colheres (sopa) de frango desfiado com tomate, cebola e manjericão	1 xícara (200 ml) de leite desnatado 1 colher (sobremesa) de mel 6 biscoitos de água e sal
5	1 xícara (200 ml) de leite desnatado com café 1 colher (chá) de açúcar 2 fatias de pão de forma integral 2 pontas de faca de margarina light ½ mamão papaia	1 banana	1 prato (sobremesa) de salada de folhas verdes com brócolis e couve-flor 4 colheres (sopa) de batata sauté 1 posta de salmão ao forno com margarina de ervas	1 copo (200 ml) de suco de abacaxi com morango 3 torradas integrais 2 fatias médias de queijo branco	3 colheres (sopa) de repolho roxo refogado 4 colheres (sopa) de arroz integral 1 concha de feijão 1 espetinho com molho de iogurte	1 iogurte light/ desnatado 2 torradas integrais 1 colher (sobremesa) de geleia diet
6	vitamina: 1 xícara (200 ml) de leite desnatado + 1 maçã + 1 colher (sopa) de farelo de aveia + 1 colher (sobremesa) de açúcar 1 fatia de pão de forma integral 1 ponta de faca de margarina light	1 banana	1 prato (sobremesa) de salada de folhas verdes 2 colheres (sopa) de vagem refogada 2 pegadores de penne ao pesto de espinafre 1 bife (100 g) grelhado	1 iogurte light/ desnatado 2 colheres (sopa) de farelo de aveia 1 banana	1 prato (sobremesa) de salada de folhas verdes com tomate, cenoura e beterraba 1 prato fundo de sopa de legumes com mandioquinha e frango desfiado	1 xícara (200 ml) de leite desnatado 1 colher (sobremesa) de mel 6 biscoitos de água e sal
7	1 copo (200 ml) de suco de laranja 1 pão francês integral 2 fatias médias de queijo branco	1 taça de salada de frutas	3 colheres (sopa) de couve refogada com cenoura 4 colheres (sopa) de arroz integral 1 concha de feijão 1 filé de pescada verde e amarelo	1 xícara (200 ml) de leite desnatado com café 1 colher (chá) de açúcar 3 torradas integrais 2 pontas de faca de margarina light	1 prato (sobremesa) de salada de folhas verdes 3 colheres (sopa) de salada de quinoa e legumes 2 ovos cozidos	mingau de aveia: 1 xícara (200 ml) de leite desnatado + 1 colher (sobremesa) de mel + 2 colheres (sopa) de aveia

Receitas

Tomate recheado com quinoa

8 tomates maduros grandes
1 xícara (chá) de quinoa cozida
1 cebola cortadinha
1 dente de alho
1 cenoura ralada
sal e pimenta-do-reino
60 gramas de queijo parmesão light

Lave os tomates, retire as sementes sem cortá-los ao meio (tire só a tampa). Refogue a cebola, o alho e a cenoura. Acrescente a quinoa, o queijo em pedaços, o sal e a pimenta. Desligue o fogo e recheie os tomates. Polvilhe com queijo parmesão. Leve ao forno a 180 °C durante 20 minutos.

Torta prática de peixe

3 ovos
½ xícara (chá) de leite desnatado
1 xícara (chá) de farinha de trigo
1 xícara (chá) de farinha de trigo integral
520 g de polpa de tomate
¼ de xícara de óleo vegetal
½ colher (sopa) de fermento em pó
2 xícaras (chá) de peixe cortado em cubos pequenos
2 colheres (sopa) de azeitonas verdes picadas
½ xícara (chá) de folha de manjericão
1 xícara (chá) de tomate picado
2 colheres (chá) de sal
¼ de xícara (chá) de queijo ralado light

Bata no liquidificador os ovos, o leite, a farinha, a polpa de tomate, o óleo e o fermento até formar uma massa cremosa. Despeje metade da massa em uma assadeira untada e enfarinhada e reserve. Em uma vasilha, misture o restante dos ingredientes, menos o parmesão, e distribua sobre a massa uniformemente. Espalhe o restante da massa sobre o recheio, polvilhe com o queijo ralado e leve ao forno preaquecido (200 °C) por 25 minutos ou até que esteja dourada. Sirva em seguida.

Frango coberto com aveia

3 colheres (sopa) de leite desnatado
2 colheres (chá) de mostarda
½ xícara (chá) de aveia em flocos
3 colheres (sopa) de sálvia picada
sal e pimenta-do-reino a gosto
8 coxas ou sobrecoxas pequenas de frango sem pele
3 colheres (sopa) de cream cheese light
1 colher (chá) de mostarda em grãos

Preaqueça o forno a 200 °C. Misture o leite com a mostarda. Em um prato, misture a aveia com 2 colheres (sopa) de sálvia, sal e pimenta--do-reino. Pincele os pedaços de frango com o leite e passe-os na aveia recobrindo-os completamente. Coloque o frango em uma assadeira e leve ao forno por cerca de 40 minutos ou até que esteja dourado. Misture o cream cheese *com os grãos de mostarda e a sálvia restante e tempere com sal e pimenta-do-reino. Coloque a mistura sobre os pedaços de frango e sirva.*

Berinjela diferente

1 berinjela média
sal a gosto
salsinha a gosto
pimenta-do-reino a gosto
6 azeitonas grandes picadas
1 tomate grande maduro
3 dentes de alho
1 cebola média
azeite

Pique a berinjela em cubinhos pequenos, tire as sementes do tomate e pique em cubinhos pequenos. Pique a cebola e o alho bem fininhos e refogue-os em azeite até dourar. Acrescente a berinjela picada, refogue, abaixe o fogo e tampe. Cozinhe por 5 minutos, acrescente o tomate picado e os temperos. Abafe por uns minutinhos, apague o fogo, misture as azeitonas e deixe esfriar.

Quiche de carne à jardineira

Massa

250 g de carne moída
2 colheres (sopa) de cebola bem picada
3 colheres (sopa) de farinha de trigo integral
1 clara
1 colher (café) de sal

Recheio

2 tomates picados sem pele e sem sementes
100 g de muçarela light ralada
1 cenoura média em cubinhos
1 abobrinha média em cubinhos
1 colher (chá) de óleo
1 xícara (chá) de milho verde cozido no vapor
manjericão fresco

Para a massa, misture a carne, a farinha de trigo integral, a clara e o sal até ficar uma massa uniforme. Forre o fundo e os lados de uma forma de torta média (18 cm de diâmetro) com a massa de carne e leve ao forno médio alto (200 °C) por cerca de 20 minutos, sem deixar assar demais. Retire a torta do forno e forre com os tomates e a muçarela. Reserve. Refogue a cenoura e a abobrinha no óleo por mais 10 minutos em fogo baixo, adicionando algumas colheres de água, se necessário. Acrescente o milho verde, o manjericão e retire do fogo. Coloque o refogado sobre a muçarela e volte ao forno por mais 15 minutos. Decore com manjericão.

Lombo assado

1 kg de lombo de porco magro
1 colher (chá) de sal
½ xícara (chá) de suco de abacaxi natural
1 cebola picada
½ xícara (chá) de vinho tinto
¼ xícara (chá) de purê de tomate
½ xícara (chá) de água
2 colheres (chá) de amido de milho
1 xícara (chá) de cogumelos em conserva picados
1 colher (chá) de manjericão fresco

Amarre o lombo com linha grossa para manter o formato. Tempere-o com o sal e o suco de abacaxi. Deixe repousar por 20 minutos. Enquanto isso, aqueça uma panela que comporte o lombo. Doure em fogo alto todos os lados da carne até que fiquem bem corados. Em seguida, adicione à panela a cebola, o vinho, o purê de tomate e a água. Tampe a panela, abaixe o fogo e deixe cozinhar por cerca de 40 minutos. Verifique se a carne está macia. Se precisar, deixe cozinhar por mais 20 minutos, adicionando água ao cozimento. Retire do fogo e espere o lombo amornar para fatiar. Acrescente ao caldo do cozimento o amido de milho dissolvido em 2 colheres (sopa) de água, os cogumelos e o manjericão. Deixe engrossar em fogo baixo. Fatie a carne e regue com o molho. Enfeite com o manjericão fresco.

Salmão ao forno com margarina de ervas

600 g de salmão fresco
1 colher (chá) de sal
suco de 1 limão
pimenta-do-reino branca a gosto
margarina de ervas
2 colheres (sopa) de manjericão fresco
2 colheres (sopa) de tomilho fresco
1 colher (sopa) de alecrim fresco
2 colheres (sopa) de orégano fresco
2 colheres (sopa) de salsa fresca
2 colheres (sopa) de azeite de oliva
1 colher (sopa) de margarina light sem sal
1 colher (chá) de sal
suco de 1 limão

Margarina de ervas: Coloque todos os ingredientes em um recipiente e bata, com um garfo ou batedor arame, até ficar levemente cremoso. Reserve.
Tempere o peixe com o sal, o limão e a pimenta. Leve ao forno médio (180 °C), preaquecido, por cerca de 20 minutos. Retire, espalhe a margarina de ervas e sirva em seguida.

Espetinho com molho de iogurte

4 fatias de abacaxi picadas
200 g de filé mignon cortado em cubos
1 abobrinha em cubos
1 berinjela em cubos
1 pimentão vermelho em cubos
8 espetos para churrasco

Molho
1 pote de iogurte natural desnatado
2 colheres (chá) de suco de limão
1 dente de alho amassado
cebolinha picada

Em sequência, monte os 8 espetos. Preaqueça a grelha. Coloque os espetinhos sobre a grelha e asse por 10 a 15 minutos, virando algumas vezes. Misture os ingredientes do molho e sirva.

Penne ao pesto de espinafre

250 g de penne integral
pimenta-do-reino a gosto
1 colher (chá) de sal
½ xícara (chá) de ricota fresca amassada
3 colheres (sopa) de azeite de oliva
2 colheres (sopa) de nozes
3 dentes de alho
1 maço médio de espinafre limpo e sem talo

Coloque o espinafre em uma panela com água fervente e cozinhe por 4 minutos ou até as folhas murcharem. Retire, escorra e esprema as folhas para retirar o excesso de água. Em outra panela, coloque 3 litros de água, junte o sal e cozinhe o macarrão por 7 minutos, ou até ficar al dente. *Retire, escorra e reserve. Enquanto isso, bata no processador o espinafre, o alho, o azeite, a ricota fresca, as nozes, o sal e a pimenta-do-reino por 2 minutos ou até obter uma mistura homogênea. Despeje o pesto sobre o macarrão e misture. Sirva em seguida.*

Salada de quinoa e legumes

2 xícaras (chá) de água
1 colher (chá) de sal
1 xícara (chá) de quinoa
100 g de vagens cozidas e picadas
200 g de abóbora cortada em cubos cozida
1 colher (sopa) de cheiro-verde picado
2 colheres (sopa) de azeite de oliva
1 cebola média cortada em cubos pequenos
½ xícara (chá) de catchup
1 pé de escarola pequeno cortado em tiras finas
1 colher (sopa) de gergelim preto

Em uma panela média, ferva a água, junte o sal, a quinoa e cozinhe em fogo médio por 10 minutos. Reserve a quinoa até esfriar. Junte a vagem, a abóbora e o cheiro-verde. Reserve. Em uma tigela pequena, junte o azeite, a cebola e o ketchup. Coloque sobre a quinoa e misture delicadamente. Forre uma saladeira ou prato de vidro com a escarola e cubra com a salada de quinoa. Salpique o gergelim e sirva em seguida.

Pescada verde e amarelo

500 g de pescada
suco de 1 limão
2 cebolas grandes cortadas em rodelas
3 colheres (sopa) de azeite
sal e pimenta a gosto
1 copo de vinho branco
1 pimentão verde cortado em rodelas
1 pimentão amarelo cortado em rodelas
castanha de caju picada

Tempere os filés de peixe com sal, limão, pimenta, limão, vinho branco. A seguir, coloque num refratário as cebolas cortadas em rodelas, os filés de peixe, o pimentão verde, o pimentão amarelo, o azeite e o molho do tempero. Cubra com papel-alumínio e leve ao forno por 20 minutos. Retire e decore com castanha de caju.

Cardápio para a 8ª semana

	Café da Manhã	Lanche da Manhã	Almoço	Lanche da Tarde	Jantar	Lanche da Noite
1	1 xícara (200 ml) de leite desnatado com café 1 colher (chá) de açúcar 2 fatias de pão de forma integral 2 pontas de faca de margarina light ½ mamão papaia	1 banana	1 prato (sobremesa) de salada de folhas verdes com tomate 3 ramos de couve-flor ao vapor 4 colheres (sopa) de arroz integral 1 concha de feijão 1 bife (100 g) grelhado	1 iogurte light/ desnatado 2 colheres (sopa) de farelo de aveia 1 maçã	1 prato (sobremesa) de salada de folhas verdes com cenoura e beterraba raladas 1 porção de fritada de batata-doce	1 xícara (200 ml) de leite desnatado 1 colher (sobremesa) de mel 6 biscoitos de água e sal
2	1 copo (200 ml) de suco de laranja com cenoura e mamão 1 pão francês integral 2 fatias médias de queijo branco	1 maçã	3 colheres (sopa) de escarola refogada 4 colheres (sopa) de arroz integral com cenoura picadinha 1 concha de lentilha 1 posta de peixe com ervilha torta, pimentão e salsão	1 xícara (200 ml) de leite desnatado com café 1 colher (chá) de açúcar 3 torradas integrais 1 colher (sopa) de geleia com 100% de fruta	1 prato (sobremesa) de salada de folhas verdes 1 panqueca de aveia com recheio de frango desfiado ao sugo	1 iogurte light/ desnatado 1 fatia de pão de forma integral 1 ponta de faca de margarina light
3	vitamina: 1 xícara (200 ml) de leite desnatado + ½ mamão papaia + 1 colher (sopa) de farelo de aveia + 1 colher (sobremesa) de mel 1 fatia de pão de forma integral 1 ponta de faca de margarina light	1 taça de salada de frutas	1 prato (sobremesa) de salada de folhas verdes 3 colheres (sopa) de berinjela refogada 4 colheres (sopa) de arroz integral 1 concha de feijão 4 colheres (sopa) de carne moída refogada com tomate	1 iogurte light/ desnatado 6 biscoitos integrais salgados ½ mamão papaia	1 prato (sobremesa) de brócolis com beterraba ao vapor 4 colheres (sopa) de batata-doce assada com alecrim e azeite 1 filé (100 g) de frango ao limão	mingau de aveia: 1 xícara (200 ml) de leite desnatado + 1 colher (sobremesa) de mel + 2 colheres (sopa) de aveia
4	1 copo (200 ml) de suco natural abacaxi com couve 2 fatias de pão de forma integral 2 colheres (sopa) de queijo *cottage*	1 pera	1 prato (sobremesa) de salada de folhas verdes 3 colheres (sopa) de salada de soja com maçã ao *curry* 4 colheres (sopa) de arroz integral 1 posta (100 g) de peixe assado com legumes	1 taça de salada de frutas ½ xícara de granola light 1 iogurte light/ desnatado	1 prato (sobremesa) de salada de folhas verdes 2 colheres (sopa) de abobrinha refogada 2 colheres (sopa) de purê de batata-doce 1 pedaço médio de quibe de carne	1 xícara (200 ml) de leite desnatado 1 colher (sobremesa) de mel 6 biscoitos de água e sal

Cardápio para a 8ª semana

	Café da Manhã	Lanche da Manhã	Almoço	Lanche da Tarde	Jantar	Lanche da Noite
5	1 xícara (200 ml) de leite desnatado com café 1 colher (chá) de açúcar 2 fatias de pão de forma integral 2 pontas de faca de margarina light ½ mamão papaia	1 banana	1 prato (sobremesa) de salada de folhas verdes 2 pegadores de macarrão integral ao sugo 3 colheres (sopa) de ervilhas 2 colheres (sopa) de carne à chinesa	1 copo (200 ml) de suco de abacaxi com morango 3 torradas integrais 2 fatias médias de queijo branco	3 colheres (sopa) de escarola refogada 2 colheres (sopa) de cenoura sauté 4 colheres (sopa) de arroz integral 1 pedaço médio de suflê de frango	1 iogurte light/ desnatado 2 torradas integrais 1 colher (sobremesa) de geleia diet
6	vitamina: 1 xícara (200 ml) de leite desnatado + 1 maçã + 1 colher (sopa) de farelo de aveia + 1 colher (sobremesa) de açúcar 1 fatia de pão de forma integral 1 ponta de faca de margarina light	1 banana	1 prato (sobremesa) de salada de folhas verdes com brócolis, tomate e pepino 4 colheres (sopa) de arroz integral 1 concha de feijão 1 bife (100 g) grelhado com cebola	1 iogurte light/ desnatado 2 colheres (sopa) de farelo de aveia 1 banana	1 prato (sobremesa) de salada de folhas verdes 3 colheres (sopa) de escondidinho de batata--doce com atum	1 xícara (200 ml) de leite desnatado 1 colher (sobremesa) de mel 6 biscoitos de água e sal
7	1 copo (200 ml) de suco de laranja 1 pão francês integral 2 fatias médias de queijo branco	1 taça de salada de frutas	3 colheres (sopa) de mix de legumes ao vapor (cenoura, chuchu, vagem, abobrinha) 1 pedaço médio de lasanha de espinafre	1 xícara (200 ml) de leite desnatado com café 1 colher (chá) de açúcar 3 torradas integrais 2 pontas de faca de margarina light	3 colheres (sopa) de repolho refogado 2 colheres (sopa) de abóbora ao vapor 4 colheres (sopa) de arroz integral 1 concha de feijão 3 colheres (sopa) de frango ao *curry*	mingau de aveia: 1 xícara (200 ml) de leite desnatado + 1 colher (sobremesa) de mel + 2 colheres (sopa) de aveia

Receitas

Panqueca de aveia com recheio de frango desfiado

Massa

1 copo de leite desnatado (250 ml)
¾ xícara (chá) de farinha de aveia
2 colheres (sopa) de óleo de canola
sal a gosto
2 ovos

Recheio

½ cebola picada
2 dentes de alho
1 cenoura ralada
1 kg de frango desfiado
salsinha picada a gosto
sal a gosto

Bata todos os ingredientes da massa no liquidificador e reserve. Unte uma frigideira com óleo e espalhe uma porção de massa com cuidado para que fique fina. Deixe dourar dos dois lados e coloque em um prato. Repita a operação até terminar toda a massa.
Refogue o alho e a cebola no óleo. Acrescente a cenoura e o frango desfiado. Misture todos os ingredientes e tempere a gosto. Adicione a salsinha picada. Coloque o recheio no centro na panqueca e enrole-a.

Peixe com ervilha torta, pimentão e salsão

400 g de cação cortado em cubos médios
2 dentes de alho bem amassados
1 colher (sopa) de suco de limão
1 colher (chá) de azeite de oliva
100 g de ervilhas-tortas pré-cozidas
2 talos de salsão cortados em tiras
½ pimentão vermelho cortado em tiras
2 colheres (sopa) de molho de soja light
½ xícara (chá) de água
2 colheres (sopa) de cebolinha cortada em rodelas

Tempere o peixe com alho, suco de limão e sal. Aqueça o azeite em uma frigideira antiaderente e grelhe o peixe. Retire e, na mesma frigideira, acrescente o restante dos ingredientes. Deixe até reduzir o líquido, retire e coloque sobre o peixe. Se quiser, salpique mais cebolinha e sirva em seguida.

Quibe de carne

1 copo de trigo
400 g de carne moída
½ cebola pequena picada
2 colheres (sopa) de salsinha picada
2 colheres (sopa) de hortelã picada
1 colher (sopa) de azeite
1 pitada de canela
200 g de queijo minas light (para rechear)

Coloque o trigo de molho (aproximadamente 3 horas de antecedência) em água filtrada. Escorra-o e esprema bem. Misture a carne moída com o garfo e amasse bem. Adicione a cebola, a salsa, a hortelã e o azeite e amasse bem. Coloque em um pirex ou forma untada com azeite. Depois de colocado no pirex, corte em quadrados e regue com azeite. Asse em forno médio (180 °C).

Frango ao limão

1 clara de ovo batida levemente
1 colher (chá) de gengibre ralado
4 filés de peito de frango
2 colheres (sopa) de farinha de aveia
sal e pimenta-do-reino a gosto
1 colher (sopa) de óleo de canola
rodelas de limão para decorar

Molho
½ xícara (chá) de suco de lima
1 colher (chá) de gengibre ralado
1 colher (chá) de açúcar mascavo
1 ½ colher (sopa) amido de milho
1 xícara (chá) de água
sal a gosto

Misture a clara com o gengibre e pincele os pedaços de frango. Cubra--os com farinha, sal e pimenta-do-reino misturados. Asse os frangos em forno médio até que fiquem dourados. Para o molho, misture todos os ingredientes, deixe levantar fervura e cozinha por 3 minutos, mexendo sem parar. Para servir, despeje o molho sobre os pedaços de frango e decore com as rodelas de limão.

Suflê de frango

1 peito de frango com osso e sem pele (300 g)
3 colheres (sopa) de purê de tomate
1 xícara (chá) de água
1 colher (chá) de sal
3 colheres (sopa) de farinha de trigo
1 xícara (chá) de leite desnatado
4 claras
2 colheres (sopa) de queijo parmesão light ralado
1 cebola picada

Coloque em uma panela o peito de frango, a cebola, o purê de tomate, a água e o sal. Tampe a panela e deixe o peito de frango cozinhar por cerca de 30 minutos em fogo baixo ou até que a carne amacie e a quantidade de líquido reduza bem. Deixe amornar e desfie o frango. Despeje o frango desfiado de volta na panela junto com o molho do cozimento. Acrescente a farinha de trigo e o leite desnatado. Depois, retorne a panela ao fogo para engrossar. Reserve. Em recipientes untados para suflê, adicione a mistura e leve para assar em forno médio, preaquecido, por cerca de 30 minutos. Sirva em seguida.

Purê de batata-doce

100 g de batata-doce descascada e cozida em água
1 colher (chá) de requeijão light (10 g)
2 colheres (sopa) de leite desnatado

Amasse as batatas com um garfo ou bata com o mixer. Incorpore o requeijão light e, por último, o leite até o ponto que você desejar.

Salada de soja com maçã ao *curry*

1 xícara (chá) de soja em grão
2 maçãs fuji
1 colher (sopa) de curry em pó
½ xícara (chá) de iogurte
¼ xícara (chá) de maionese light
2 colheres (sopa) de salsinha picada

Deixe os grãos de soja de molho na água de um dia para outro. Escorra a água, coloque os grãos numa panela, cubra com o dobro de água e leve ao fogo alto. Quando ferver, abaixe o fogo e deixe cozinhar por 1 hora e 30 minutos. Caso seja necessário, acrescente mais água durante o cozimento. Depois de cozidos, escorra a água e deixe-os esfriar. Descasque as maçãs, retire as sementes e rale grosso. Numa tigela, misture todos os ingredientes. Mantenha na geladeira e retire na hora de servir.

Frango ao *curry*

500 g de peito de frango cru cortado em pequenos cubinhos
1 cebola pequena e cortada em cubinhos
2 dentes de alho amassados
1 colher (sopa) rasa de curry
1 colher (sopa) rasa de açafrão
1 colher (cheia) de requeijão light
sal e salsinha a gosto

Refogue a cebola na água até suar, depois adicione o alho. Quando ambos estiverem douradinhos, adicione os cubos de frango. Em seguida, adicione o curry e o açafrão. Misture bem, refogue o frango até ele cozinhar. Depois de cozido, adicione a colher de requeijão e mexa bem. Se for necessário, coloque 50 ml de água para misturar melhor. Por último, já com o fogo desligado, adicione a salsinha e o sal. Sirva!

Carne à chinesa

farinha de trigo para empanar
sal e pimenta-do-reino a gosto
250 g de patinho cortado em tirinhas
1 cebola cortada em rodelas
1 colher (sopa) de mel
1 colher (chá) de molho de soja light

4 colheres (sopa) de vinagre
¼ xícara (chá) de água
1 colher (sopa) de gengibre ralado

Preaqueça o forno a 150 °C. Corte a carne em cubos de 2 cm. Misture a farinha, a pimenta-do-reino. Passe a carne na mistura de farinha e coloque-a em uma forma refratária. Misture o suco de abacaxi, a mostarda, o vinagre, a cebola, a água e o sal e despeje sobre a carne. Cubra com papel-alumínio ou tampe e leve ao forno por 1 hora ou até que a carne fique macia. Salpique salsinha picada.

Fritada de batata-doce

1 batata-doce média (100-150 g)
1 colher (chá) de orégano
1 colher (chá) de alecrim
1 pitada de pimenta-do-reino
1 pitada de sal
3 claras

Descasque a batata-doce e cozinhe em água por cerca de 20 minutos. A batata não deve ficar mole, apenas dar uma leve amaciada. Escorra a batata e passe na água fria para cortar o cozimento e resfriá-la. Passe toda a batata pelo ralador grosso. Coloque em um recipiente e adicione todos os temperos. Misture bem e, por último, adicione as claras para dar liga. Esquente a frigideira e unte levemente. Faça bolinhas com a mistura da batata, coloque na frigideira e amasse com uma espátula. Repita isso com toda a massa até acabar. Depois vire os bolinhos e doure o outro lado.

Escondidinho de batata-doce e atum

Massa
4 batatas-doces médias
1 xícara (chá) de leite desnatado
uma pitada de sal

Recheio
1 cebola média picada
1 colher (sopa) de azeite de oliva
2 latas de atum light
2 ½ xícaras de molho de tomate
1 colher (sopa) de amido de milho diluído em água fria
sal e pimenta a gosto

Cozinhe as batatas até amolecerem. Descasque e passe no espremedor ainda quente. Adicione o leite e misture. Reserve. Refogue a cebola no azeite, adicione o atum e o molho, tempere com sal e pimenta. Adicione o amido de milho dissolvido e deixe ferver, misturando sempre. Desligue o fogo. Em uma forma ou refratário untado, coloque uma camada do creme de batata, cubra com o atum e finalize com o creme de batata-doce. Leve ao forno por 15 minutos ou até começar a dourar. Retire do forno e sirva.

Lasanha de espinafre

1 maço pequeno de espinafre cozido e espremido
½ xícara (chá) de requeijão light
1 ½ xícara (chá) de leite desnatado
1 colher (sopa) de azeite de oliva
2 colheres (sopa) de cebola ralada
2 colheres (sopa) de farinha de trigo
1 colher (chá) de sal
1 pitada de noz-moscada
400 g de massa para lasanha pré-cozida
200 g de muçarela light fatiada
4 colheres (sopa) de queijo parmesão light ralado

No liquidificador, bata o espinafre, o requeijão, o leite e a farinha. Aqueça o azeite em uma panela antiaderente e doure a cebola. Junte à mistura do liquidificador. Tempere com o sal e a noz-moscada e vá mexendo até engrossar. Reserve. Na montagem, coloque no fundo de um refratário um pouco de molho, uma camada de massa de lasanha e uma de muçarela light. Vá alterando as camadas, finalizando com o molho. Salpique o queijo parmesão e leve ao forno médio (180 °C) por cerca de 30 minutos. Retire e sirva em seguida.

9ª semana – Sugestões para comer em restaurantes*

Restaurante	Alimentos/Preparações	Dicas
Japonês	5 sashimis de salmão 2 hot roll 1 temaki de salmão com *cream cheese*	– Prefira à la carte para não cometer exageros
Árabe	3 colheres (sopa) de tabule 2 colheres (sopa) de arroz com lentilha 2 unidades de charutinho de folha de uva 1 pedaço médio de quibe assado	– Equilibre a refeição com alimentos de todos os grupos alimentares – Cuidado com as entradas (pães)
Hamburgueria	1 cheese-salada sem maionese 1 pegador de batata frita	– Prefira lanches mais simples, sem grandes quantidades de queijos e/ou molhos – Cuidado com os acompanhamentos (batata frita, *onion rings*, refrigerante); Aprecie com moderação
Pizzaria	1 fatia de pizza marguerita 1 fatia de pizza de escarola com muçarela	– Prefira pizzas com pouco queijo e, de preferência, com algum legume/verdura – Controle a quantidade

Restaurante	Alimentos/Preparações	Dicas
Italiano	1 fatia fina de pão italiano 2 pontas de faca de manteiga 2 colheres de servir de nhoque à bolonhesa	– Evite massas com molho branco e/ou à base de queijos – Cuidado com as entradas (pães, patês)
Mexicano	5 nachos com guacamole 1 taco tradicional de carne com queijo	– Cuidado com os molhos e queijos (entradas) – Controle as quantidades

* Valor calórico aproximado das refeições: 500 kcal.

Cardápio para a 9ª semana

	Café da Manhã	Lanche da Manhã	Almoço	Lanche da Tarde	Jantar	Lanche da Noite
1	1 xícara (200 ml) de leite desnatado com café 1 colher (chá) de açúcar 2 fatias de pão de forma integral 2 pontas de faca de margarina light ½ mamão papaia	1 banana	1 prato (sobremesa) de salada de folhas verdes com beterraba ralada 4 colheres (sopa) de arroz integral 1 hambúrguer de grão de bico 2 colheres (sopa) de carne de panela com molho de tomate	1 iogurte light/ desnatado 2 colheres (sopa) de farelo de aveia 1 maçã	3 colheres (sopa) de espinafre refogado 2 colheres (sopa) de chuchu refogado com tomate e orégano 4 colheres (sopa) de mandioquinha refogada 1 filé (100 g) de tainha assada ao *curry*	1 xícara (200 ml) de leite desnatado 1 colher (sobremesa) de mel 6 biscoitos de água e sal
2	1 copo (200 ml) de suco de laranja com cenoura e mamão 1 pão francês integral 2 fatias médias de queijo branco	1 maçã	1 prato (sobremesa) de salada de folhas verdes com tomate e pepino 2 pegadores de fusilli integral com abobrinha, ricota e hortelã 3 colheres (sopa) de frango desfiado refogado	1 xícara (200 ml) de leite desnatado com café 1 colher (chá) de açúcar 3 torradas integrais 1 colher (sopa) de geleia com 100% de fruta	3 colheres (sopa) de acelga e repolho refogados 2 colheres (sopa) de berinjela refogada 4 colheres (sopa) de arroz integral 1 concha de feijão 1 bife (100 g) grelhado	1 iogurte light/ desnatado 1 fatia de pão de forma integral 1 ponta de faca de margarina light
3	vitamina: 1 xícara (200 ml) de leite desnatado + ½ mamão papaia + 1 colher (sopa) de farelo de aveia + 1 colher (sobremesa) de mel 1 fatia de pão de forma integral 1 ponta de faca de margarina light	1 taça de salada de frutas	1 prato (sobremesa) de salada de folhas verdes 2 colheres (sopa) de salada caprese 3 colheres (sopa) de feijão branco com vinagrete 4 colheres (sopa) de arroz integral 1 posta de peixe assada com alecrim	1 iogurte light/ desnatado 6 biscoitos integrais salgados ½ mamão papaia	1 pedaço médio de quibe de abóbora e espinafre 2 colheres (sopa) de batata sauté 4 colheres (sopa) de carne moída refogada	mingau de aveia: 1 xícara (200 ml) de leite desnatado + 1 colher (sobremesa) de mel + 2 colheres (sopa) de aveia

Cardápio para a 9ª semana

	Café da Manhã	Lanche da Manhã	Almoço	Lanche da Tarde	Jantar	Lanche da Noite
4	1 copo (200 ml) de suco natural abacaxi com couve 2 fatias de pão de forma integral 2 colheres (sopa) de queijo *cottage*	1 pera	1 prato (sobremesa) de salada de folhas verdes 3 ramos de couve-flor 4 colheres (sopa) de arroz integral 1 concha de feijão 2 ovos mexidos com cheiro-verde e tomate	1 taça de salada de frutas ½ xícara de granola light 1 iogurte light/ desnatado	3 colheres (sopa) de mix de legumes ao vapor (cenoura, abobrinha, vagem, brócolis) 3 colheres (sopa) de frango com creme de milho e escarola gratinado	1 xícara (200 ml) de leite desnatado 1 colher (sobremesa) de mel 6 biscoitos de água e sal
5	1 xícara (200 ml) de leite desnatado com café 1 colher (chá) de açúcar 2 fatias de pão de forma integral 2 pontas de faca de margarina light ½ mamão papaia	1 banana	1 prato (sobremesa) de salada de folhas verdes 2 rolinhos de berinjela com quinoa 3 colheres (sopa) de ervilhas 1 filé (100 g) de peixe grelhado com molho de tomate e manjericão	1 copo (200 ml) de suco de abacaxi com morango 3 torradas integrais 2 fatias médias de queijo branco	1 prato (sobremesa) de salada de folhas verdes 1 pedaço médio de suflê de chuchu 4 colheres (sopa) de arroz integral 2 colheres (sopa) de carne de panela	1 iogurte light/ desnatado 2 torradas integrais 1 colher (sobremesa) de geleia diet
6	vitamina: 1 xícara (200 ml) de leite desnatado + 1 maçã + 1 colher (sopa) de farelo de aveia + 1 colher (sobremesa) de açúcar 1 fatia de pão de forma integral 1 ponta de faca de margarina light	1 banana	3 colheres (sopa) de acelga refogada 2 colheres (sopa) de cenoura cozida 4 colheres (sopa) de arroz integral 1 concha de feijão 1 filé (100 g) de peixe ao forno	1 iogurte light/ desnatado 2 colheres (sopa) de farelo de aveia 1 banana	1 prato (sobremesa) de salada de folhas verdes 2 colheres (sopa) de escondidinho de carne seca light	1 xícara (200 ml) de leite desnatado 1 colher (sobremesa) de mel 6 biscoitos de água e sal
7	1 copo (200 ml) de suco de laranja 1 pão francês integral 2 fatias médias de queijo branco	1 taça de salada de frutas	1 prato (sobremesa) de salada de folhas verdes 1 fatia de berinjela à parmegiana 4 colheres (sopa) de arroz integral 1 concha de feijão 1 filé (100 g) de frango grelhado	1 xícara (200 ml) de leite desnatado com café 1 colher (chá) de açúcar 3 torradas integrais 2 pontas de faca de margarina light	1 prato (sobremesa) de salada de folhas verdes com tomate e pepino 3 colheres (sopa) de risoto de couve-flor 3 colheres (sopa) de batata sauté 2 colheres (sopa) de carne de panela	mingau de aveia: 1 xícara (200 ml) de leite desnatado + 1 colher (sobremesa) de mel + 2 colheres (sopa) de aveia

Receitas

Hambúrguer de grão-de-bico

1 xícara (chá) de grão-de-bico cozido e escorrido
2 colheres (sopa) de azeite
1 cenoura crua ralada no ralo fino
½ cebola picada
2 colheres (sopa) de salsinha picada
2 colheres (sopa) de aveia em flocos finos
1 colheres (sopa) de farinha de rosca (até dar liga)
sal e pimenta-do-reino a gosto

Aqueça o azeite e refogue a cenoura, a cebola, a salsinha e a aveia. Tempere com sal e pimenta. Reserve. Amasse o grão-de-bico com o garfo ou use o processador até formar uma pasta grossa. Junte os demais ingredientes e misture manualmente. Adicione a farinha de rosca até dar liga e mexa mais. Divida a massa e modele os hambúrgueres. Leve a geladeira por 1 hora, no mínimo. Asse em uma grelha ou forno.

Tainha assada ao *curry*

1 tainha limpa
2 colheres (sopa) de óleo
2 pimentas verdes
2 talos de capim-limão
1 pedaço de gengibre
1 dente de alho
1 cebola
1 colher (chá) de açúcar mascavo
raspas de 1 limão

Coloque todos os ingredientes, menos o peixe, no processador e bata até ficar uma pasta uniforme. Coloque o peixe em uma assadeira e tempere com a pasta, sem esquecer a parte de dentro. Deixe marinando na geladeira. Cubra com papel-alumínio e leve ao forno preaquecido a 180 °C até que o peixe esteja cozido.

Fusilli integral com abobrinha, ricota e hortelã

400 g de fusilli integral
5 l de água
1 colher (sopa) de sal
2 abobrinhas italianas
1/4 xícara (chá) de folhas de hortelã fresca
4 colheres (sopa) de manteiga
4 colheres (sopa) de azeite
1 xícara (chá) de ricota fresca
1 ½ colher (chá) de sal

Numa panela grande, junte a água e o sal. Leve ao fogo alto e, quando ferver, coloque o macarrão. Cozinhe conforme as instruções da embalagem. Escorra a água e reserve. Preaqueça o forno a 150 °C. Passe as abobrinhas pela parte grossa do ralador e esprema com as mãos para retirar o excesso de líquido. Em uma tábua, faça uma pilha com as folhas de hortelã, enrole-as e corte em tiras finas. Solte as tiras e reserve. Em uma travessa refratária, esfarele a ricota com os dedos. Tempere com ½ colher (chá) de sal, cubra com papel-alumínio e leve ao forno para assar por 15 minutos. Em uma frigideira, aqueça o azeite e a manteiga em fogo médio. Junte a abobrinha e mexa delicadamente. Tempere com 1 colher (chá) de sal e salpique com as tirinhas de hortelã. Desligue o fogo. Escorra a água do fusilli cozido e coloque-o na frigideira da abobrinha. Misture cuidadosamente. Distribua em 4 pratos fundos e polvilhe com a ricota quente. Sirva imediatamente.

Salada Caprese

3 muçarelas de búfala
3 tomates maduros
12 folhas de manjericão
azeite de oliva extravirgem a gosto
sal a gosto
pimenta-do-reino moída na hora

Higienize e seque bem os tomates e as folhas de manjericão. Numa tábua, corte as muçarelas e os tomates em fatias de cerca de meio centímetro. Disponha numa travessa, alternando as fatias de tomate com as fatias do queijo. Salpique com as folhas de manjericão, regue com azeite e tempere com sal e pimenta-do-reino moída na hora. Sirva a seguir.

Quibe de abóbora e espinafre

1 xícara (chá) de trigo para quibe
2 xícaras (chá) de abóbora cozida e amassada
suco de 1 limão
1 colher (chá) de sal
1 cebola ralada
1 colher (café) de canela em pó
1 colher (sopa) de azeite de oliva
hortelã fresca picada a gosto
salsa picada a gosto

Recheio
200 g de ricota
1 xícara (chá) de espinafre cozido, espremido e picado
1 pitada de noz-moscada

Para pincelar
1 colher (chá) de molho inglês
1 colher (chá) de azeite de oliva

Coloque o trigo de molho em 2 xícaras (chá) de água e deixe por 30 minutos. Escorra bem e misture com o restante dos ingredientes.
Para o preparo do recheio, amasse a ricota e misture com o espinafre e a noz-moscada.
Em um refratário, coloque metade da massa de abóbora, espalhe o recheio e, por cima, coloque o restante da massa de abóbora. Pincele com o molho inglês misturado com o azeite e faça desenhos com a ponta de uma faca. Leve ao forno médio (180 °C) por 35 minutos.

Frango gratinado com creme de milho e escarola

1 l de leite desnatado
2 xícaras (chá) de milho cozido
4 colheres (sopa) de amido de milho
2 colheres (chá) de sal
600 g de frango cozido e desfiado
3 tomates picados
1 maço de escarola picada em tiras finas

No liquidificador, bata o leite com metade do milho até obter uma mistura homogênea. Em uma panela, coloque o creme batido e o amido de milho. Aqueça até engrossar um pouco, mexendo sempre. Junte o restante do milho, metade do sal e misture com o tomate. Reserve. Em uma travessa, espalhe o frango desfiado, forrando o fundo da travessa. Cubra com uma camada espessa de tiras de escarola crua. Por cima da escarola, despeje o creme de milho. Leve ao forno para gratinar, por aproximadamente 15 minutos. Sirva quente.

Rolinhos de berinjela com quinoa

4 berinjelas
azeite de oliva extravirgem a gosto
1 xícara (chá) de farinha de trigo integral
1 xícara (chá) de farinha de trigo
3 xícaras (chá) de leite desnatado
2 colheres (sopa) de margarina light
2 dentes de alho amassados
500 g de quinoa cozida
molho de tomate caseiro

Fatie as berinjelas na vertical. Passe-as no azeite e leve ao forno para dourar. Reserve. Misture o restante dos ingredientes (exceto a quinoa cozida e o molho de tomate) e leve ao fogo até formar um creme. Acrescente a quinoa e mexa levemente. Monte os rolinhos usando o creme com quinoa para rechear a berinjela. Coloque os rolinhos em uma travessa, cubra com molho de tomate e leve ao forno preaquecido por 5 minutos. Sirva a seguir.

Suflê de chuchu

3 chuchus
2 ovos
1 colher (sopa) de margarina light
1 colher (chá) de sal
1 punhado de cheiro-verde bem picado
1 colher (sopa) de farinha de trigo
2 colheres (sopa) de farinha de trigo integral
1 colher (sopa) rasa de fermento químico
1 copo (200 ml) de leite desnatado
5 colheres de queijo parmesão ralado light

Cozinhe os chuchus no vapor. Amasse o chuchu cozido com um garfo. Deixe esfriar e reserve. Coloque em uma vasilha os ovos, o creme vegetal, o sal e o cheiro-verde. Misture bem e adicione a farinha de trigo, o fermento, o leite, o queijo ralado light (reserve 2 colheres de sopa). Por último, adicione o chuchu e misture bem. Coloque a mistura preparada em uma forma untada, salpique o restante do queijo ralado light e leve ao forno até que fique levemente dourado e com consistência firme. Sirva a seguir.

Peixe ao forno

2 filés de pescada, merluza ou Saint Peter
1 colher (de sopa) de suco de limão
1 dente de alho amassado
1 colher (de sopa) de cebola picada
1 colher (de sopa) de salsinha picada
2 colheres (de sopa) de vinho branco
1 colher (de sopa) de farinha de rosca
1 colher (de chá) de queijo parmesão ralado

Tempere o peixe com o suco de limão, o alho, a cebola, a salsinha e o vinho branco, e coloque em um refratário. Polvilhe com a farinha de rosca e o queijo parmesão. Leve ao forno médio por 25 minutos ou até estar dourado.

Escondidinho de carne seca light

1 kg de mandioquinha cozida
1 pote de creme de ricota light
2 colheres (sopa) de margarina light
½ kg de carne seca dessalgada e cozida
1 cebola picada
4 dentes de alho amassados
1 colher (sopa) de azeite de oliva
2 tomates picados
sal e pimenta a gosto
3 colheres (sopa) de queijo parmesão ralado light

Esprema a mandioquinha ainda quente e leve a uma panela com a margarina e o sal. Depois que estiverem bem misturados, acrescente o creme de ricota, misture bem e reserve. Refogue a cebola e o alho com o azeite, acrescente a carne seca desfiada e deixe fritar um pouco. Ponha os tomates e deixe dar uma leve murchada. Em um refratário untado com azeite, coloque uma camada do purê de mandioquinha, a carne seca e o restante do purê. Polvilhe com o queijo parmesão e leve ao forno para gratinar. Sirva quente.

Berinjela à parmegiana

Berinjela

2 colheres (sopa) de farinha de trigo integral
1 colher (sopa) de farelo de trigo
1 colher (sopa) de linhaça dourada moída
2 ovos levemente batidos
4 berinjelas maduras
sal a gosto
2 colheres (sopa) de folhas de manjericão
1 xícara (chá) de muçarela light ralada

Molho

6 tomates maduros
1 colher (chá) de alho picado
2 colheres (sopa) de cebola picada
2 xícaras (chá) de água mineral
2 colheres (sopa) de azeite extravirgem
½ colher (chá) de sal
1 colher (chá) de açúcar demerara
1 colher (sopa) de folhas de manjericão

Inicie o preparo do molho colocando em uma panela o tomate, o alho, a cebola e a água. Quando ferver, abaixe o fogo e cozinhe por 20 minutos. Deixe esfriar um pouco, bata no liquidificador, peneire e leve de volta à panela. Deixe ferver por mais 25 minutos em fogo baixo. Retire do fogo, acrescente o azeite, o sal, o açúcar demerara e o manjericão.
Em uma assadeira coloque a farinha de trigo, a fibra, o germe e a linhaça e reserve. Em um prato raso, coloque os ovos e reserve também. Fatie as berinjelas em rodelas com 1 cm de espessura. Deixe-as de molho por 15 minutos (com água suficiente para cobri-las) e coloque sal. Escorra, passe as rodelas uma a uma no ovo, misture com o sal e depois na mistura de farinha. Leve as rodelas de berinjela a uma assadeira untada com azeite em forno preaquecido por 15 minutos, vire todas as rodelas e deixe no forno por mais 15 minutos. Coloque em uma travessa uma camada com as rodelas de berinjela, as folhas de manjericão, a muçarela ralada e o molho. Repita a operação até finalizar com todas as rodelas de berinjela. Finalize cobrindo com o molho e a muçarela ralada e leve ao forno por 10 a 15 minutos.

Risoto de couve-flor

1 cebola picadinha
3 dentes de alho pequeno picado
2 cenouras raladas
½ xícara (chá) de vinho branco seco
3 xícaras (chá) de couve-flor cozida e picada em pedacinhos pequenos, simulando arroz
temperos a gosto
2 xícaras (chá) de leite desnatado
3 colheres (chá) de amido de milho dissolvido nesse leite
3 colheres (sopa) de requeijão light

Refogue a cebola e o alho em um fio de azeite, adicione a cenoura ralada, os temperos e a couve-flor. Mexa bem. Se optar pelo vinho, adicione nesse momento, ou coloque um pouco de água. Refogue por dois minutos e depois acrescente o leite com o amido de milho. Mexa bem até engrossar e reduzir e adicione no final o requeijão light.

Cardápio para a 10ª semana

	Café da Manhã	Lanche da Manhã	Almoço	Lanche da Tarde	Jantar	Lanche da Noite
1	1 xícara (200 ml) de leite desnatado com café (prefira adoçante) 1 panqueca de banana 1 colher (sobremesa) de mel	1 taça de salada de frutas	1 prato (sobremesa) de salada de folhas verdes com tomate, cenoura e palmito 4 colheres (sopa) de arroz integral 1 concha de feijão 3 colheres (sopa) de frango desfiado com tomate	1 iogurte light/ desnatado 2 colheres (sopa) de farelo de aveia 1 maçã	1 prato fundo de creme de abóbora com agrião 4 colheres (sopa) de purê de mandioquinha 1 bife (100 g) grelhado	1 xícara (200 ml) de leite desnatado 1 colher (sobremesa) de mel 6 biscoitos de água e sal
2	1 copo (200 ml) de suco de laranja com cenoura e mamão 1 pão francês integral 2 fatias médias de queijo branco	1 maçã	3 colheres (sopa) de espinafre refogado com tomate 3 colheres (sopa) de beterraba ralada 4 colheres (sopa) de arroz integral 1 concha de lentilhas 1 filé de peixe branco assado com alho-poró	1 xícara (200 ml) de leite desnatado com café 1 colher (chá) de açúcar 1 fatia média de bolo pão de mel	1 prato (sobremesa) de salada de folhas verdes 1 pedaço médio de quiche integral de palmito com tomate cereja 2 colher (sopa) de carne de panela	1 iogurte light/ desnatado 1 fatia de pão de forma integral 1 ponta de faca de margarina light
3	vitamina: 1 xícara (200 ml) de leite desnatado + ½ mamão papaia + 1 colher (sopa) de farelo de aveia + 1 colher (sobremesa) de mel 1 fatia de pão de forma integral 1 ponta de faca de margarina light	1 taça de salada de frutas	1 prato (sobremesa) de salada de folhas verdes 3 colheres (sopa) de abobrinha refogada 4 colheres (sopa) de arroz integral 1 concha de feijão 1 filé (100 g) de frango grelhado	1 iogurte light/ desnatado 6 biscoitos integrais salgados 1 banana	1 prato (sobremesa) de salada de tomate, cenoura, palmito e pepino 1 panqueca verde nutritiva	mingau de aveia: 1 xícara (200 ml) de leite desnatado + 1 colher (sobremesa) de mel + 2 colheres (sopa) de aveia

4	1 xícara (200 ml) de leite desnatado com café 1 fatia média de bolo integral de cenoura e mel 1 taça de salada de frutas	1 pera	3 colheres (sopa) de escarola refogada 2 colheres (sopa) de cenoura ralada 3 colheres (sopa) de salada de feijão branco com atum, cheiro-verde e tomate 4 colheres (sopa) de arroz integral	1 banana ½ xícara de granola light 1 iogurte light/ desnatado	1 prato (sobremesa) de folhas verdes 2 colheres (sopa) de fricassé de frango light	1 xícara (200 ml) de leite desnatado 1 colher (sobremesa) de mel 6 biscoitos de água e sal
5	1 xícara (200 ml) de leite desnatado com café 1 colher (chá) de açúcar 2 fatias de pão de forma integral 2 pontas de faca de margarina light ½ mamão papaia	1 banana	1 prato (sobremesa) de folhas verdes 2 colheres (sopa) de berinjela refogada 4 colheres (sopa) de arroz integral 1 concha de feijão 2 colheres (sopa) de carne com brócolis	1 copo (200 ml) de suco de abacaxi com morango 3 torradas integrais 2 fatias médias de queijo branco	1 prato (sobremesa) de folhas verdes com tomate e azeitonas 1 filé de salmão grelhado com 4 colheres (sopa) de farofa de aveia e cenoura	1 iogurte light/ desnatado 2 torradas integrais 1 colher (sobremesa) de geleia diet
6	vitamina: 1 xícara (200 ml) de leite desnatado + 1 maçã + 1 colher (sopa) de farelo de aveia + 1 colher (sobremesa) de açúcar 1 fatia de pão de forma integral 1 ponta de faca de margarina light	1 banana	3 colheres (sopa) de couve refogada 4 colheres (sopa) de arroz integral 1 concha de feijão 1 filé de frango recheado	1 iogurte light/ desnatado 1 fatia média de bolo nutritivo	1 prato (sobremesa) de folhas verdes 3 colheres (sopa) de abobrinha refogada 4 colheres (sopa) de purê de batata com mandioquinha 1 bife (100 g) grelhado com cebola	1 xícara (200 ml) de leite desnatado 1 colher (sobremesa) de mel 6 biscoitos de água e sal
7	1 copo (200 ml) de suco de laranja 1 pão francês integral 2 fatias médias de queijo branco	1 taça de salada de frutas	1 prato (sobremesa) de folhas verdes 3 colheres (sopa) de legumes ao forno 4 colheres (sopa) de arroz integral 1 concha de lentilhas 1 filé (100 g) de peixe grelhado	1 xícara (200 ml) de leite desnatado com café 1 colher (chá) de açúcar 3 torradas integrais 2 pontas de faca de margarina light	1 prato (sobremesa) de salada de folhas verdes com tomate e brócolis ao vapor 3 colheres (sopa) de purê de abóbora 2 colheres (sopa) de frango ao creme de milho	mingau de aveia: 1 xícara (200 ml) de leite desnatado + 1 colher (sobremesa) de mel + 2 colheres (sopa) de aveia

Receitas

Panqueca especial de banana

2 colheres (sopa) de farinha de aveia
1 colher (sopa) de linhaça moída
1 ovo
1 banana nanica bem madura e amassada
1 colher (café) de canela

Misture a farinha de aveia com a linhaça. Misture o ovo, a banana bem amassadinha e a canela. Mexa bem até que a massa fique bem homogênea. Coloque pequenas porções na frigideira para fazer vários discos ou faça um grande. Deixe a massa dourar e vire para dourar o outro lado.

Bolo pão de mel

2 ½ xícaras (chá) de farinha de trigo integral
1 xícara (chá) de mel
3 colheres (chá) de cacau em pó
2 xícaras (chá) de água
1 colher (chá) de canela
½ colher (café) de gengibre em pó
½ colher (café) de noz-moscada
½ colher (café) de cravo-da-índia em pó
1 colher (café) de essência de baunilha
1 colher (chá) de bicarbonato de sódio
1 colher (chá) de fermento
130 g de chocolate meio amargo

Bata todos os ingredientes na batedeira ou à mão, com exceção do chocolate. Unte uma travessa e polvilhe com farinha de trigo. Coloque a massa e leve ao forno (190 °C) por aproximadamente 30 a 40 minutos. Pique o chocolate e coloque no micro-ondas por 2 minutos, mexendo de vez em quando. Desenforme o bolo e cubra com o chocolate derretido. Leve à geladeira para endurecer o chocolate por cerca de 20 minutos, e corte em quadradinhos, se preferir.

Bolo nutritivo

2 xícaras (chá) de açúcar mascavo
3 ovos pequenos
1 xícara (chá) de óleo
2 xícaras (chá) de farinha de trigo integral
1 colher (chá) de sal
1 colher (café) de bicarbonato de sódio
1 colher (chá) de extrato de baunilha
2 xícaras (chá) de abobrinha ralada
1 xícara (chá) de uvas passas
1 xícara (chá) de nozes picadas
1 colher (chá) de fermento em pó

Bata os ovos e o açúcar por 3 minutos. Adicione o óleo, a farinha, o sal, o bicarbonato e a baunilha. Bata bem. Desligue a batedeira e bata manualmente a abobrinha, as passas e as nozes. Por fim, misture o fermento em pó e misture. Coloque o bolo em uma forma untada e enfarinhada e leve para assar em forno preaquecido à 180 °C. O bolo estará assado quando você enfiar um palito no meio e ele sair limpo.

Bolo integral de cenoura e mel

3 ovos
½ xícara (chá) de óleo
1 xícara (chá) de mel
2 cenouras descascadas e picadas
2 xícaras (chá) de farinha de trigo integral
½ colher (sopa) de fermento em pó

Cobertura
180 g de chocolate meio amargo
4 colheres (sopa) de mel
4 colheres (sopa) de leite desnatado

Bata os ovos, o mel, a cenoura e o óleo no liquidificador. Misture numa tigela a farinha, o fermento e o gengibre e acrescente a mistura de líquidos até ficar homogêneo. Asse em forno preaquecido a 180 °C por 30 minutos ou até passar no teste do palito.
Em uma tigelinha leve o chocolate ao micro-ondas em potência média por 1 minuto e meio, retire, mexa com uma espátula e, se preciso for, deixe mais 30 segundos até derreter por completo. Misture os demais ingredientes até virar uma mistura brilhante e homogênea e coloque sobre o bolo desenformado.

Creme de abóbora com agrião

2 colheres (sopa) de azeite de oliva
2 colheres (chá) de alho picado
2 colheres (sopa) de cebolinha picada
2 xícaras (chá) de abóbora em cubos (2 cm)
3 xícaras (chá) de água
2 xícaras (chá) de agrião picado com seus talos
1 colher (chá) de sal
1 colher (sopa) de gergelim

Em uma panela coloque o azeite de oliva com o alho e a cebolinha e salteie por 2 minutos. Acrescente os cubos de abóbora e misture. Cozinhe tudo por mais 5 minutos. Adicione a água e deixe cozinhar por mais 15 minutos. Acrescente o agrião e o sal, polvilhe o gergelim por cima e sirva.

Peixe branco assado com alho-poró

16 alhos-poró aparados e lavados
4 filés de peixe branco com pele
1 limão-siciliano grande cortado em fatias finas
4 ramos de alecrim fresco
tomilho, alecrim e louro frescos
sal e pimenta a gosto
azeite de oliva
suco de ½ limão-siciliano

Preaqueça o forno a 200 °C e acomode uma assadeira no forno para esquentar. Para fazer a marinada, esmague o tomilho, o alecrim e as folhas de louro com uma pitada de sal até que fique esverdeado. Acrescente 2 fios de azeite de oliva, uma pitada de pimenta e o suco de limão. Mexa. Ponha uma panela de água com sal para ferver e cozinhe os alhos-porós por 3 minutos. Passe em um escorredor e deixe que sequem no vapor. Coloque o peixe, o limão, os ramos de alecrim e os alhos-porós em uma tigela. Despeje a marinada e misture para cobrir tudo. Acomode o peixe, com a pele voltada para baixo, na assadeira aquecida. Com uma colher, retire o limão, o alecrim, os alhos-porós e a marinada da tigela e coloque por cima e ao redor do peixe. Asse no forno por 15 minutos, até que o peixe esteja cozido. Retire a assadeira do forno e amontoe os alhos-porós em um prato. Acomode o peixe e regue com o caldo do cozimento.

Quiche integral de palmito com tomate cereja

Massa

4 colheres (sopa) de margarina cremosa sem sal
1 pitada de sal
1 ½ xícara (chá) de farinha de trigo integral

Recheio

200 g de creme de leite light
1 ovo
2 claras
150 g de queijo minas light
2 xícaras (chá) de palmito cortado em rodelas
1 colher (chá) de sal
pimenta-do-reino a gosto
10 tomates cereja cortados ao meio

Para a massa, misture a margarina e o sal e vá adicionado a farinha de trigo até obter uma massa firme que desgrude das mãos. Se necessário, acrescente um pouco de água. Deixe a massa descansar enquanto prepara o recheio.
Bata no liquidificador o creme de leite, o ovo, as claras e o queijo. Coloque a mistura em uma tigela e acrescente o palmito, o sal e a pimenta. Mexa bem.
Abra a massa sobre uma mesa enfarinhada e forre o fundo e as laterais de uma forma média de aro removível (22 cm de diâmetro). Coloque o recheio e espalhe os tomates com a polpa virada para baixo. Leve ao forno médio (180 °C), preaquecido, por cerca de 30 minutos. Retire do forno, decore com folhas de manjericão e sirva.

Panqueca verde nutritiva

Massa

½ xícara (chá) de farinha de trigo
¼ xícara (chá) de farinha de trigo integral
¼ xícara (chá) de farinha de aveia
1 e ½ xícaras (chá) de leite desnatado
2 ovos
2 colheres (sopa) de azeite
2 xícaras (chá) de folhas de espinafre cruas
sal a gosto

Recheio
200 g de ricota amassada
2 colheres (sopa) de queijo parmesão light ralado
200 g de peito de peru defumado picado
orégano a gosto

Bata todos os ingredientes da massa no liquidificador. Em fogo baixo, coloque uma concha da massa em uma frigideira antiaderente. Deixe a massa soltar e vire do outro lado. Retire do fogo e reserve.
Misture todos os ingredientes do recheio, coloque no meio da massa e enrole. Disponha as panquecas em um refratário. Cubra as panquecas com molho de tomate. Polvilhe com queijo ralado light e leve ao forno por, aproximadamente, 10 minutos. Sirva a seguir.

Fricassé de frango light

3 peitos (grandes) de frango
1 cebola ralada
1 colher (sopa) de azeite extravirgem
1 colher (sopa) de tempero caseiro feito com alho, ervas aromáticas e 1 pitada de sal
1 colher (sobremesa) de pimenta calabresa ou outra de sua preferência
2 colheres (sopa) de cebolinha picada
1 xícara (chá) de milho verde
1 pote de iogurte natural desnatado
2 xícaras (chá) de molho de tomate caseiro
½ copo de requeijão cremoso light
1 xícara (chá) de batata palha

Desfie o frango. Numa panela, aqueça o azeite e doure a cebola. Junte o frango desfiado, o tempero caseiro, a cebolinha e a pimenta. Refogue tudo. Acrescente o milho verde e o extrato de tomate. Quando levantar fervura, desligue o fogo e misture o iogurte. Em um refratário, monte o fricassé. Coloque primeiro o frango, depois distribua o requeijão por cima. Leve ao forno preaquecido em 180 °C por 15 minutos para gratinar. Retire do forno e coloque a batata palha por cima.

Carne com brócolis

400 g de alcatra cortada em tiras
1 cebola picada
2 dentes de alho amassados
1 maço de brócolis picado
2 colheres (chá) de amido de milho
2 colheres (sopa) de vinagre
2 colheres (sopa) de molho de soja
1 xícara (chá) de água
cebolinha verde para salpicar

Grelhe as tiras de carne até que comecem a dourar. Junte a cebola, o alho, os brócolis e mexa por mais 5 minutos. Misture o restante dos ingredientes ao refogado, mexendo em fogo baixo até que a carne e os brócolis fiquem macios. Sirva salpicado com a cebolinha.

Salmão grelhado com farofa de aveia e cenoura

1 cenoura pequena ralada no ralo grosso
4 colheres (sopa) de creme vegetal
½ xícara (chá) de aveia em flocos
2 colheres (sopa) de uva passa sem sementes
1 colher (sopa) de salsinha
½ colher (chá) de sal
4 filés de salmão
1 colher (sopa) de creme vegetal

Em uma frigideira, coloque a cenoura e refogue em fogo médio, mexendo sempre até começar a murchar. Retire do fogo e acrescente 3 colheres (sopa) do creme vegetal, misture até derreter. Junte a aveia e misture. Adicione as passas, a salsinha e o sal e misture até ficar homogêneo. Reserve. Coloque o peixe em uma tigela e tempere com sal. Em uma frigideira, aqueça o creme vegetal em fogo médio e doure os filés de salmão. Coloque o salmão em uma travessa. Sirva em seguida com a farofa.

Filé de frango recheado

4 filés de peito de frango
½ berinjela cortada em rodelas finas
1 tomate cortado em rodelas finas
4 unidades de muçarela de búfala
manjericão de folhas largas
sal
pimenta-do-reino

Molho
½ maço de manjericão
1 colher (chá) de nozes
1 colher (sopa) de parmesão ralado
100 ml de azeite extravirgem

Com a ajuda de uma faca pequena, abra cada peito de frango até a metade para poder rechear. Tempere com sal e pimenta-do-reino. Recheie cada um com duas rodelas de berinjela. Grelhe em uma frigideira antiaderente. Se necessário, coloque um fio de azeite para não grudar. Depois de pronto termine de rechear com mais duas rodelas de tomate, a muçarela de búfala e o manjericão de folha larga. Para o molho pique todos os ingredientes na faca e misture ao azeite. Sirva o frango recheado acompanhado do molho e, se quiser, uma salada de folhas verdes.

Legumes ao forno

2 abobrinhas italianas
2 berinjelas
2 tomates
1 pimentão vermelho
1 pimentão amarelo
1 cebola grande
2 dentes de alho picadinhos
salsa e cebolinha a gosto
sal a gosto
50 ml de azeite de oliva

Corte os legumes, a cebola e os pimentões em rodelas finas. Arrume em um pirex ou assadeira, alternando os legumes e os temperos. Regue com o azeite e leve para assar por cerca de 30 a 40 minutos no forno com temperatura a 150 °C. Os legumes devem estar al dente. Esta preparação pode ser servida quente ou fria. Se quiser servir como antepasto, corte os legumes e os temperos em tiras finas e, depois de assados, coloque 4 colheres (sopa) de vinagre ou molho shoyu.

Frango ao creme de milho

1 kg de peito de frango cortado em cubos
3 colheres (sopa) de óleo de soja
1 cebola picada
1 dente de alho amassado
1 pimentão picado
3 tomates sem pele e sem sementes
3 colheres (sopa) de molho de tomate sem sal
3 espigas de milho cozidas
1 pote de iogurte natural desnatado (de consistência firme)

Grelhe o frango na frigideira. Quando estiver dourado, acrescente o alho, a cebola, o pimentão e o tomate. Refogue. Acrescente a polpa de tomate e deixe cozinhar. Quando a carne estiver cozida, acrescente o milho e o iogurte e retire do fogo.

Cardápio para a 11ª semana

	Café da Manhã	Lanche da Manhã	Almoço	Lanche da Tarde	Jantar	Lanche da Noite
1	1 xícara (200 ml) de leite desnatado com café 1 colher (chá) de açúcar 2 fatias de pão de forma integral 2 pontas de faca de margarina light ½ mamão papaia	1 taça de salada de frutas	3 colheres (sopa) de mix de escarola e repolho refogados 2 colheres (sopa) de beterraba ralada 4 colheres (sopa) de arroz integral 1 concha de feijão 1 filé de peixe assado com alecrim	1 iogurte light/ desnatado 2 colheres (sopa) de farelo de aveia 1 maçã	1 prato (sobremesa) de folhas verdes 3 colheres (sopa) de risoto de cevadinha à primavera 1 bife (100 g) grelhado	1 xícara (200 ml) de leite desnatado 1 colher (sobremesa) de mel 6 biscoitos de água e sal
2	1 copo (200 ml) de suco de laranja com cenoura e mamão 1 pão francês integral 2 fatias médias de queijo branco	1 maçã	1 prato (sobremesa) de folhas verdes com cenoura, tomate e pepino 3 colheres (sopa) de arroz integral 2 colheres (sopa) de bobó de frango	1 xícara (200 ml) de leite desnatado com café 1 colher (chá) de açúcar 3 torradas integrais 1 colher (sopa) de geleia com 100% de fruta	3 colheres (sopa) de berinjela refogada 3 colheres (sopa) de soja cozida com vinagrete 2 charutinhos de quinoa	1 iogurte light/ desnatado 1 fatia de pão de forma integral 1 ponta de faca de margarina light
3	vitamina: 1 xícara (200 ml) de leite desnatado + ½ mamão papaia + 1 colher (sopa) de farelo de aveia + 1 colher (sobremesa) de mel 1 fatia de pão de forma integral 1 ponta de faca de margarina light	1 taça de salada de frutas	1 prato (sobremesa) de folhas verdes com tomate e palmito 4 ramos de brócolis ao vapor 4 colheres (sopa) de arroz integral 1 concha de lentilha 1 filé de peixe com linhaça e acerola	1 iogurte light/ desnatado 6 biscoitos integrais salgados ½ mamão papaia	3 colheres (sopa) de couve refogada 2 colheres (sopa) de cenoura cozida 4 colheres (sopa) de batata sauté 2 colheres (sopa) de carne de panela com tomate	mingau de aveia: 1 xícara (200 ml) de leite desnatado + 1 colher (sobremesa) de mel + 2 colheres (sopa) de aveia

4	1 copo (200 ml) de suco natural de abacaxi com couve 2 fatias de pão de forma integral 2 colheres (sopa) de queijo *cottage*	1 pera	1 prato (sobremesa) de folhas verdes com tomate e 3 colheres (sopa) de milho verde cozido 2 colheres (sopa) de escondidinho de frango com abóbora e aveia	1 taça de salada de frutas ½ xícara de granola light 1 iogurte light/ desnatado	3 colheres (sopa) de espinafre refogado 4 colheres (sopa) de salada de trigo ao molho de mostarda e mel 3 colheres (sopa) de grão de bico cozido 1 filé de peixe grelhado com tomate	1 xícara (200 ml) de leite desnatado 1 colher (sobremesa) de mel 6 biscoitos de água e sal
5	1 xícara (200 ml) de leite desnatado com café 1 colher (chá) de açúcar 2 fatias de pão de forma integral 2 pontas de faca de margarina light ½ mamão papaia	1 banana	1 prato (sobremesa) de folhas verdes 3 colheres (sopa) de abobrinha refogada 2 pegadores de macarrão integral ao sugo 4 colheres (sopa) de carne moída refogada com ervilhas	1 copo (200 ml) de suco de abacaxi com morango 3 torradas integrais 2 fatias médias de queijo branco	1 prato (sobremesa) de folhas verdes 1 crepe com recheio de frango cremoso	1 iogurte light/ desnatado 2 torradas integrais 1 colher (sobremesa) de geleia diet
6	vitamina: 1 xícara (200 ml) de leite desnatado + 1 maçã + 1 colher (sopa) de farelo de aveia + 1 colher (sobremesa) de açúcar 1 fatia de pão de forma integral 1 ponta de faca de margarina light	1 banana	1 prato (sobremesa) de folhas verdes com tomate, cenoura e beterraba raladas 4 colheres (sopa) de arroz integral 1 concha de feijão 2 colheres (sopa) de cubos de peixe ao molho de manjericão e ervas	1 iogurte light/ desnatado 2 colheres (sopa) de farelo de aveia 1 banana	3 colheres (sopa) de acelga refogada com tomate 2 colheres (sopa) de arroz integral com legumes ao *curry* 1 bife (100 g) grelhado	1 xícara (200 ml) de leite desnatado 1 colher (sobremesa) de mel 6 biscoitos de água e sal
7	1 copo (200 ml) de suco de laranja 1 pão francês integral 2 fatias médias de queijo branco	1 taça de salada de frutas	1 prato (sobremesa) de folhas verdes 3 colheres (sopa) de mix de vagem e abobrinha refogados 4 colheres (sopa) de mandioquinha sauté 1 filé de frango ao molho verde	1 xícara (200 ml) de leite desnatado com café 1 colher (chá) de açúcar 3 torradas integrais 2 pontas de faca de margarina light	1 prato (sobremesa) de folhas verdes com brócolis e beterraba 2 canelones à provençal	mingau de aveia: 1 xícara (200 ml) de leite desnatado + 1 colher (sobremesa) de mel + 2 colheres (sopa) de aveia

Receitas

Risoto de cevadinha à primavera

1 l de caldo de legumes
1 xícara (chá) de cevadinha
1 cebola roxa picada
1 cenoura picada
1 abobrinha picada
2 dentes de alho picados
3 colheres (sopa) de suco de limão
2 colheres (sopa) de azeite
2 colheres (sopa) de hortelã picada
sal e pimenta a gosto

Aqueça o azeite em uma panela funda. Refogue a cebola e o alho até dourar. Adicione a cevadinha e o caldo de legumes. Abaixe o fogo e deixe cozinhar por 50 minutos, ou até que os grãos estejam cozidos e o caldo reduzido pela metade. Adicione a cenoura e após 5 minutos a abobrinha. Assim que os legumes estiverem cozidos, finalize com o suco de limão e a hortelã e sirva.

Bobó de frango

250 g de mandioca cozida
1 xícara (chá) da água do cozimento da mandioca
1 kg de peito de frango, sem pele, em pedaços pequenos
3 dentes de alho amassados
2 folhas de louro
1 xícara (chá) de salsinha picada
2 colheres (sopa) de óleo de canola
2 cebolas grandes
1 colher (sopa) de coentro picado
1 xícara (chá) de leite de coco light
sal a gosto
suco de 1 limão

Tempere os pedaços de frango com sal, alho, louro e limão. Reserve por 30 minutos na geladeira. Em uma panela grande, aqueça o óleo, junte o frango e o tempero. Cozinhe até amaciar. Bata no liquidificador a cebola e a mandioca com 1 xícara (chá) da água do cozimento da mandioca e junte ao frango. Cozinhe por mais 5 minutos. Acrescente o leite de coco, a salsinha e o coentro e deixe no fogo por 5 minutos. Sirva a seguir.

Charutinho de quinoa

½ unidade de repolho branco inteiro
1 colher (sopa) de cebolinha
1 colher (sopa) de salsinha
½ colher (chá) de cominho em pó
1 dente de alho
2 copos médios de água
sal

Recheio
12 colheres (sopa) cheias de carne moída (crua)
3 colheres (sopa) de quinoa em grãos (crua)
1 cebola pequena

Molho
1 tomate médio
1 cebola pequena

Para o molho, em uma panela grande, cozinhe o repolho em água e sal até ficar macio. Separe as folhas e corte-as ao meio. Reserve. Em uma panela antiaderente, doure uma cebola na margarina e acrescente a carne moída. Deixe no fogo até ficar dourada. Enquanto isso, cozinhe a quinoa em 1 copo de água fervente por 15 minutos. Escorra e reserve.
Para o molho, em uma panela antiaderente doure a cebola e o alho picados. Acrescente os tomates picados e deixe refogar por 5 minutos. Junte 1 copo de água e sal. Reserve.
Misture bem a carne, a quinoa, a salsinha, a cebolinha, o cominho e o sal, se necessário. Coloque esta mistura no centro de cada folha de repolho e enrole, formando um charuto. Disponha os charutos na panela com o molho e leve ao fogo baixo por cerca de 30 minutos. Sirva a seguir.

Peixe com linhaça e acerola

Peixe
350 g de filé de robalo
1 dente de alho
2 colheres (sopa) de suco de limão
sal a gosto
3 colheres (sopa) de farinha de aveia
3 colheres (sopa) de linhaça dourada
1 colher (sopa) de azeite

Molho de acerola
200 g de acerolas vermelhas
150 ml de água
1 colher (sobremesa) de amido de milho
1 colher (chá) cheia de adoçante para forno e fogão

Tempere os filés de peixe com alho, sal e suco de limão. Deixe marinar por 30 minutos. Misture a farinha de trigo com a linhaça. Em uma panela antiaderente, aqueça o azeite. Passe os filés na mistura de farinha e grelhe no azeite até que fique dourado. Reserve.

Inicie o preparo do molho batendo as acerolas no liquidificador com 100 ml de água. Passe em uma peneira. Dissolva o amido na água restante e misture a polpa de acerola. Adicione o adoçante e leve ao fogo brando até engrossar. Sirva o filé com a calda de acerola. Use salsinha para decorar.

Escondidinho de frango com abóbora e aveia

Frango
2 dentes de alho picados
1 cebola picada
2 colheres (sopa) de azeite
1 peito de frango cozido e desfiado
4 talos de cebolinha verde lavados e picados
folhas de 2 ramos de tomilho lavados e picados
folhas de 1 ramo de alecrim lavado e picado
sal a gosto
1/3 de pimenta dedo-de-moça sem sementes e picada
½ embalagem de cream cheese light
¼ de xícara (chá) de leite desnatado

Purê de abóbora
¼ de abóbora japonesa em cubos pequenos
folhas de 6 ramos de tomilho lavados e picados
sal a gosto
pimenta-do-reino recém-moída
1 xícara (chá) de aveia em flocos regulares
1 ½ xícara (chá) de leite desnatado (300 ml)
folhas de 6 ramos de salsa lavados e picados

Para o preparo do frango, refogue o alho e a cebola no azeite. Acrescente o restante dos ingredientes e mexa bem. Reserve.

Inicie o preparo do purê de abóbora cozinhando a abóbora junto com o tomilho em fogo baixo por cerca de 20 minutos até amolecer. Caso necessário, acrescente 2 colheres (sopa) de água. Esprema a abóbora até virar purê. Junte o restante dos ingredientes e misture até formar um creme homogêneo.
Separe 6 refratários pequenos de 8 cm de diâmetro por 5,5 cm de altura. Em cada um, disponha ½ xícara (chá) de frango no fundo e complete com ½ xícara (chá) de purê. Repita o mesmo processo preenchendo todos os refratários. Acomode-os em uma assadeira e leve ao forno, preaquecido, a 180 °C por 15 minutos para esquentar. Sirva em seguida.

Salada de trigo ao molho de mostarda e mel

1 xícara (chá) de trigo integral
2 xícaras (chá) de água mineral
1 colher (chá) de sal
raspas de 1 limão
5 rabanetes cortados em cubinhos
1 dente de alho picado finamente

Molho
½ xícara (chá) de azeite de oliva
2 colheres (sopa) de suco de limão
1 colher (sopa) de mostarda amarela
1 colher (sopa) de mel
1 colher (chá) de sal

Bata todos os ingredientes do molho no liquidificador. Lave o trigo em água corrente e leve para cozinhar em panela de pressão com a água e o sal por 20 minutos. Escorra, passe rapidamente na água fria até que esfrie e separe. Misture as raspas de limão, os rabanetes e o alho. Acrescente o molho e o trigo cozido. Leve à geladeira por 1 hora e sirva.

Crepe com recheio de frango cremoso

Massa
4 ovos
1 beterraba pequena picada
½ xícara (chá) de farinha de trigo
½ xícara (chá) de farinha de trigo integral
½ xícara (chá) de leite desnatado

Recheio
1 colher (sopa) de azeite extravirgem
½ cebola média picada
2 tomates picados
1 peito de frango cozido e desfiado (500 g)
2 xícaras (chá) de espinafre picadinho
1 xícara de milho verde cozido
1 potinho de iogurte natural desnatado

Em um liquidificador, bata todos os ingredientes da massa até obter uma massa homogênea. Aqueça em fogo baixo uma frigideira antiaderente e coloque uma porção da massa, cobrindo o fundo da frigideira. Deixe fritar até secar a superfície. Vire o crepe do outro lado e deixe-o fritar por alguns instantes. Repita o procedimento até acabar a massa. Reserve aquecido.
Em uma panela, aqueça o azeite e refogue a cebola. Junte os tomates, o frango e o espinafre e deixe cozinhar por 5 minutos. Adicione o milho e o iogurte, misture bem e reserve aquecido.
Coloque uma porção de recheio no centro de cada crepe, dobre-os ao meio e depois ao meio novamente, formando um triângulo. Arrume em um prato e sirva.

Cubos de peixe ao molho de manjericão e ervas

1 kg de salmão (ou outro peixe de preferência) em filés grossos
½ colher (chá) de sal
1 colher (sopa) de suco de limão
1 colher (sopa) de azeite de oliva
1 xícara (chá) de nozes picadas
½ xícara (chá) de iogurte natural desnatado
½ xícara (chá) de maionese light
3 colheres (sopa) de manjericão picado
1 colher (sopa) de cheiro-verde
sal a gosto

Corte os filés em cubos grossos e tempere com o sal e o limão. Reserve. Em uma frigideira grande, aqueça o azeite e doure os cubos dos dois lados. Passe-os para uma travessa e reserve. Bata as nozes, o iogurte, a maionese, o sal e as ervas em um processador. Disponha o molho sobre os cubos de peixe e sirva. Se desejar, salpique nozes picadas sobre o prato.

Arroz integral com legumes ao *curry*

1 xícara (chá) de arroz integral
4 colheres (sopa) de azeite extravirgem
1 colher (sopa) de gengibre fresco picado
½ xícara (chá) de cebola roxa em meia-lua
1 colher (chá) de curry *em pó*
½ xícara (chá) de ervilha fresca
½ xícara (chá) de cenoura fatiada
1 colher (chá) de sal
2 xícaras (chá) de água
2 colheres (sopa) de salsa picada
azeite extravirgem a gosto

Lave o arroz passando duas vezes pela água corrente. Escorra bem e separe. Em uma panela, coloque o azeite, o gengibre, a cebola e o curry *e deixe tostar em fogo baixo misturando com uma colher. Acrescente a ervilha e a cenoura e continue misturando. Passados 2 minutos, acrescente o arroz, o sal e a água e diminua a chama. Deixe cozinhar por 20 minutos com a panela destampada, sem mexer. Antes de servir, polvilhe a salsa picada e regue o azeite.*

Frango ao molho verde

½ kg de filé de frango
1 dente de alho amassado
1 colher (chá) de gengibre ralado
½ xícara (chá) de cheiro-verde picado
½ xícara (chá) de maionese light

Preaqueça o forno a 180 °C. Unte uma assadeira retangular média e reserve. Em uma tigela média, misture o frango, o alho, o gengibre e uma colher (sopa) de maionese. Coloque na assadeira reservada, cubra com papel-alumínio e leve ao forno por 30 minutos. Retire o papel-alumínio e leve ao forno até dourar. Reserve. Bata no liquidificador o cheiro--verde com a água. Coloque em uma panela pequena, junte o restante da maionese, misture e aqueça, mexendo sempre. Cubra os filés reservados e sirva em seguida.

Canelone à provençal

100 g de peito de peru defumado
40 g de queijo cottage
10 g de cebolas picadas
10 g de queijo parmesão ralado
sal
noz-moscada
100 g de massa fresca para lasanha, cozida e cortada em 4 quadrados
10 g de cebolas raladas
1 dente de alho amassado
50 ml de caldo de frango
200 g de tomate sem pele liquidificado
5 g de óregano
sal a gosto
1 pitada de açúcar
10 g de parmesão ralado

No processador de alimentos, passe o peito do peru, o cottage, as cebolas, o parmesão, o sal e a noz-moscada até obter uma pasta. Recheie a massa com uma colher (sopa) cheia da pasta e enrole como um canelone. Coloque em recipientes individuais. Em uma panela, refogue a cebola e o alho em 25 ml do caldo de frango. Junte o tomate, o orégano, o sal, o açúcar e o restante do caldo. Deixe ferver até obter um molho espesso. Regue os canelones e salpique parmesão. Leve ao forno para gratinar.

Cardápio para a 12ª semana

	Café da Manhã	Lanche da Manhã	Almoço	Lanche da Tarde	Jantar	Lanche da Noite
1	1 xícara (200 ml) de leite desnatado com café 1 colher (chá) de açúcar 2 fatias de pão de forma integral 2 pontas de faca de margarina light ½ mamão papaia	1 taça de salada de frutas	1 prato (sobremesa) de salada de folhas verdes com tomate e pepino 3 colheres (sopa) de purê de abóbora 1 pedaço médio de quibe ao molho de iogurte	1 iogurte light/ desnatado 2 colheres (sopa) de farelo de aveia 1 maçã	3 colheres (sopa) de repolho roxo refogado 2 colheres (sopa) de cenoura cozida 4 colheres (sopa) de arroz integral 1 concha de feijão 1 filé de pescada ao forno com tomate	1 xícara (200 ml) de leite desnatado 1 colher (sobremesa) de mel 6 biscoitos de água e sal
2	1 copo (200 ml) de suco de laranja com cenoura e mamão 1 pão francês integral 2 fatias médias de queijo branco	1 maçã	1 prato (sobremesa) de salada de folhas verdes 3 colheres (sopa) de salada com arroz 7 cereais 3 colheres (sopa) de ervilhas 3 colheres (sopa) de frango desfiado com tomate	1 xícara (200 ml) de leite desnatado com café 1 colher (chá) de açúcar 3 torradas integrais 1 colher (sopa) de geleia com 100% de fruta	3 colheres (sopa) de escarola refogada 3 colheres (sopa) de cenoura cozida 4 colheres (sopa) de purê de mandioquinha 1 bife (100 g) grelhado com cebola	1 iogurte light/ desnatado 1 fatia de pão de forma integral 1 ponta de faca de margarina light
3	vitamina: 1 xícara (200 ml) de leite desnatado + ½ mamão papaia + 1 colher (sopa) de farelo de aveia + 1 colher (sobremesa) de mel 1 fatia de pão de forma integral 1 ponta de faca de margarina light	1 taça de salada de frutas	1 prato (sobremesa) de salada de folhas verdes 3 colheres (sopa) de mix de legumes refogados (abobrinha, chuchu, vagem, cenoura) 4 colheres (sopa) de arroz integral 1 concha de feijão 1 medalhão de frango com vinho e ervas	1 iogurte light/ desnatado 6 biscoitos integrais salgados ½ mamão papaia	1 prato (sobremesa) de salada de folhas verdes com palmito, tomate e couve-flor 2 colheres (sopa) de escondidinho de salmão	mingau de aveia: 1 xícara (200 ml) de leite desnatado + 1 colher (sobremesa) de mel + 2 colheres (sopa) de aveia
4	1 copo (200 ml) de suco natural abacaxi com couve 2 fatias de pão de forma integral 2 colheres (sopa) de queijo *cottage*	1 pera	1 prato (sobremesa) de salada de folhas verdes 3 colheres (sopa) de vagem torta refogada 4 colheres (sopa) de arroz integral 1 concha de feijão 2 colheres (sopa) de picadinho de frango com tomate e azeitonas	1 taça de salada de frutas ½ xícara de granola light 1 iogurte light/ desnatado	3 colheres (sopa) de berinjela refogada 3 colheres (sopa) de rigatoni com rúcula e tomate seco 1 bife (100 g) grelhado	1 xícara (200 ml) de leite desnatado 1 colher (sobremesa) de mel 6 biscoitos de água e sal

Cardápio para a 12ª semana

	Café da Manhã	Lanche da Manhã	Almoço	Lanche da Tarde	Jantar	Lanche da Noite
5	1 xícara (200 ml) de leite desnatado com café 1 colher (chá) de açúcar 2 fatias de pão de forma integral 2 pontas de faca de margarina light ½ mamão papaia	1 banana	1 prato (sobremesa) de salada de folhas verdes 4 colheres (sopa) de arroz integral 3 colheres (sopa) de grão de bico com tomate 1 rolinho de linguado ao molho de limão com 3 colheres (sopa) de purê de abobrinha	1 copo (200 ml) de suco de abacaxi com morango 3 torradas integrais 2 fatias médias de queijo branco	3 colheres (sopa) de couve refogada 2 colheres (sopa) de beterraba ralada 4 colheres (sopa) de batata sauté 1 filé de frango grelhado com molho de tomate	1 iogurte light/desnatado 2 torradas integrais 1 colher (sobremesa) de geleia diet
6	vitamina: 1 xícara (200 ml) de leite desnatado + 1 maçã + 1 colher (sopa) de farelo de aveia + 1 colher (sobremesa) de açúcar 1 fatia de pão de forma integral 1 ponta de faca de margarina light	1 banana	1 prato (sobremesa) de salada de folhas verdes com pepino e cebola 2 colheres (sopa) de abóbora refogada 4 colheres (sopa) de arroz integral 1 concha de feijão 1 fatia média (100 g) de lagarto ao molho especial	1 iogurte light/desnatado 2 colheres (sopa) de farelo de aveia 1 banana	2 a 3 pegadores de cuscuz marroquino com tomate, alcaparras e rúcula 1 filé (100 g) de frango grelhado	1 xícara (200 ml) de leite desnatado 1 colher (sobremesa) de mel 6 biscoitos de água e sal
7	1 copo (200 ml) de suco de laranja 1 pão francês integral 2 fatias médias de queijo branco	1 taça de salada de frutas	1 prato (sobremesa) de salada de folhas verdes 3 colheres (sopa) de berinjela refogada 4 colheres (sopa) de arroz integral 1 concha de lentilhas 1 filé de linguado ao creme de palmito	1 xícara (200 ml) de leite desnatado com café 1 colher (chá) de açúcar 3 torradas integrais 2 pontas de faca de margarina light	1 prato (sobremesa) de salada de folhas verdes 4 ramos de brócolis ao vapor 1 pedaço médio de quiche de cebola 2 colheres (sopa) de carne de panela com molho de tomate	mingau de aveia: 1 xícara (200 ml) de leite desnatado + 1 colher (sobremesa) de mel + 2 colheres (sopa) de aveia

Receitas

Quibe ao molho de iogurte

1 xícara (chá) de trigo para quibe
600 g de carne moída sem gordura
2 colheres (sopa) de creme vegetal
2 colheres (sopa) de hortelã picada
sal a gosto
creme vegetal light para untar

Molho
1 copo de iogurte natural desnatado
2 colheres (sopa) de hortelã picada
2 colheres (sopa) de pepino picado
sal e pimenta a gosto

Deixe o trigo de molho em água suficiente para cobri-lo por cerca de 2 horas. Escorra-o. Em um recipiente, coloque o trigo escorrido, a carne, 1 colher (sopa) de creme vegetal light, o sal e a hortelã picada. Misture muito bem. Unte um refratário pequeno (15 × 25 cm) com creme vegetal light, coloque a carne temperada, alise com uma espátula e espalhe o restante do creme vegetal light. Leve-o ao forno médio preaquecido (180 °C) por, aproximadamente, 25 minutos até cozinhar a carne.

Misture bem todos os ingredientes do molho e sirva gelado sobre o quibe.

Pescada ao forno com tomate

4 ramos de tomilho
2 limões sicilianos
2 colheres (sopa) de azeite extravirgem
1 colher (sopa) de vinho branco seco
4 filés de pescada
4 tomates
1 colher (chá) de sal

Misture as folhas de tomilho, o suco de 1 limão e 1 colher (sopa) de azeite. Coloque os filés de peixe na marinada e leve para a geladeira por, pelo menos, 15 minutos. Corte os tomates em 4 no sentido do comprimento. E o outro limão em rodelas finas. Escorra o peixe e passe-o para uma assadeira. Cubra o peixe com rodelas de limão e distribua o tomate em volta. Tempere com sal e pimenta, regue com um fio de azeite e leve ao forno médio por 20 minutos.

Salada com arroz 7 cereais

1 xícara (chá) de tomates semimaduros sem pele e sementes
4 colheres (sopa) de azeite extravirgem
1 colher (sopa) de ciboulette picada
1 colher (sopa) de folhas de manjericão
1 colher (sopa) de salsinha picada
¼ de colher (chá) de sal
1 e ½ xícaras (chá) de arroz 7 grãos
3 xícaras (chá) de caldo de legumes
1 colher (chá) de páprica picante
½ xícara de ervilha torta
½ xícara (chá) de cogumelos frescos cortados ao meio
1 colher (sopa) de gengibre cru picado

Coloque os tomates para marinar no azeite, com as ervas e o sal e separe. Lave o arroz e leve para cozinhar com o caldo de legumes, uma pitada de sal e a páprica por 20 minutos em panela de pressão. Assim que os grãos estiverem cozidos, desligue o fogo, passe por água fria e espalhe em uma assadeira rasa. Misture aos tomates marinados, às ervilhas, aos cogumelos e ao gengibre. Sirva.

Medalhão de frango com vinho e ervas

500 g de filé de frango
½ colher (chá) de sal
1 colher (sopa) de creme vegetal
1 xícara (chá) de vinho branco seco
1 colher (sopa) de ervas finas
½ xícara de maionese light
½ xícara de peito de peru em cubos pequenos
1 colher (sopa) de cheiro-verde picado

Em uma tigela média, coloque os medalhões e tempere com o sal. Reserve. Em uma frigideira grande antiaderente, derreta o creme vegetal em fogo baixo. Doure os medalhões. Acrescente o vinho e as ervas finas. Cozinhe em fogo médio até ficar macio. Coloque em uma travessa e reserve. Misture a maionese ao molho de cozimento dos medalhões, junte o peito de peru e aqueça em fogo médio, mexendo sempre. Despeje sobre os medalhões reservados, polvilhe o cheiro-verde e sirva em seguida.

Escondidinho de salmão

1 colher (sopa) de azeite de oliva
1 cebola média ralada
250 g de filé de salmão cortado em cubos médios
½ colher (chá) de sal
600 g de mandioquinha cozida e espremida
½ xícara (chá) de maionese light
1 colher (sopa) de cheiro-verde picado

Unte um refratário retangular médio. Reserve. Em uma panela, aqueça o azeite e refogue a cebola. Junte o salmão e refogue por 5 minutos, mexendo delicadamente. Acrescente o sal, misture e reserve. Em uma tigela, misture a mandioquinha espremida ainda quente com a maionese e o cheiro-verde, até obter um purê liso e homogêneo. Monte o escondidinho em camadas, sendo metade do purê na parte de baixo, depois o salmão, e o restante do purê por cima. Leve ao forno e deixe gratinar. Sirva a seguir.

Rigatoni com rúcula e tomate seco

225 g de rigatoni
1 colher (sopa) de azeite extravirgem
2 colheres (chá) de alho amassado
2 xícaras (chá) de cogumelos frescos fatiados
1 colher (chá) de tempero italiano seco
¼ de colher (chá) de pimenta-do-reino moída
1 ¼ xícara (chá) de caldo de vegetais ou galinha
½ xícara (chá) de tomate seco cortado (não conservado em óleo)
3 xícaras (chá) de rúcula cortada em pedaços grandes
1/3 xícara (chá) de azeitonas pretas fatiadas
¼ xícara (chá) de nozes partidas (opcional)
¼ xícara (chá) de queijo parmesão ralado light
1 xícara (chá) de muçarela light ralada
¼ xícara (chá) de salsa fresca

Cozinhe a massa al dente, de acordo com as instruções da embalagem. Escorra bem e leve-a novamente à panela para manter aquecida. Enquanto a massa estiver cozinhando, unte uma frigideira antiaderente com azeite e coloque o alho, os cogumelos, o tempero italiano e a pimenta. Leve a frigideira ao fogo e cozinhe, mexendo sempre por alguns minutos ou até os cogumelos soltarem água e ficarem dourados. Tampe a frigideira se ela começar a secar. Adicione algumas colheres de caldo, se necessário. Acrescente os caldos e o tomate, reduzindo o fogo para médio. Tampe e cozinhe por dois a três minutos ou até os tomates ficarem inchados. Acrescente a rúcula e cozinhe sem tampa, mexendo bem, por um a dois minutos ou até a rúcula murchar. Junte a massa, as azeitonas, as nozes e misture bem. Adicione um pouco mais de caldo se a massa estiver muito seca. Retire a frigideira do fogo e adicione o parmesão light. Separe em porções e coloque ¼ de muçarela light e 1 colher (chá) de salsa sobre cada uma delas. Sirva a seguir.*

Rolinho de linguado ao molho de limão com purê de abobrinha

8 filés pequenos de linguado sem pele
sal e pimenta-do-reino preta moída a gosto
1 colher (café) de raspas de limão
1 colher (sopa) de salsinha fresca picada
1 colher (sopa) de creme vegetal
1 ½ xícara (chá) de leite desnatado

Purê
3 xícaras (chá) de abobrinha italiana em cubos
½ xícara (chá) de caldo de legumes natural
1 colher (café) de raspas de limão
1 dente de alho picado

Coloque os filés em uma superfície plana, tempere com sal, pimenta, salsinha e raspas de limão. Enrole cada filé e espete um palito para o rolinho não abrir. Em uma frigideira, coloque os rolinhos, pincele o creme vegetal, regue o leite e leve ao fogo por, aproximadamente, 10 minutos ou até ficarem cozidos. Escorra o líquido do cozimento, coe e reserve. Enquanto isso, prepare o purê, colocando no liquidificador as abobrinhas, o caldo de legumes, as raspas de limão e o alho. Bata até obter um creme homogêneo. Coloque em uma panela e leve ao fogo para aquecer. Se necessário, acrescente o líquido reservado do cozimento do peixe. Sirva os rolinhos com o purê de abobrinha.

Lagarto ao molho especial

1 colher (sopa) de azeite extravirgem
1 cebola média picada
1 dente de alho amassado
1 kg de lagarto
1 folha de louro
1 colher (chá) de sal
3 ½ xícaras (chá) de água fervente
½ xícara de conhaque
50 g de cogumelo Paris
1 xícara de maionese light

Em uma panela de pressão refogue o alho, a cebola e a carne até dourar. Junte o louro, o sal, a água e o conhaque. Tampe a panela e cozinhe em fogo médio por 45 minutos, contando a partir do início da pressão. Apague o fogo e aguarde sair todo o vapor. Abra a panela e verifique o cozimento. Se necessário, cozinhe mais um pouco com a panela destampada. Retire a carne e reserve. Complete o caldo do cozimento com água até obter uma xícara e meia. Junte o cogumelo e cozinhe até ficar macio. Acrescente a maionese, misture até ficar homogêneo e deixe cozinhar em fogo médio, mexendo sempre, até ficar consistente. Coloque a carne em uma travessa, fatie e cubra com o molho. Sirva a seguir.

Cuscuz marroquino com tomate, alcaparras e rúcula

1 xícara (chá) de cuscuz marroquino
1 ½ xícara (chá) de caldo de legumes caseiro
2 tomates
1 cebola roxa picada
2 colheres (sopa) de alcaparras
½ xícara (chá) de amêndoas picadas
3 colheres (sopa) de folhas de salsinha
1 colher (sopa) de azeite extravirgem
1 maço de rúcula
sal a gosto
1 colher (sopa) de raspas de limão

Leve uma panela com o caldo de legumes ao fogo médio. Quando esquentar, transfira para uma tigela onde está o cuscuz. Mexa muito bem. Tampe a tigela e reserve. Em uma tábua, corte os tomates em 4 rodelas grossas. Leve uma frigideira antiaderente ao fogo médio. Acrescente o azeite e os tomates. Salteie as rodelas, aos poucos, dos dois lados. Tempere com sal. Reserve. Em outra frigideira, aqueça mais um pouco de azeite e refogue rapidamente a cebola. Deixe o fogo baixo e junte as alcaparras, as raspas de limão e as amêndoas. Refogue por alguns minutos. Acrescente o cuscuz e a salsinha, misture bem e continue cozinhando até que o cuscuz fique bem quente. Em um prato, disponha as folhas de rúcula e as rodelas de tomate sobre o cuscuz. Sirva a seguir.

Linguado ao creme de palmito

1 kg de filés de linguado
sal
suco de 1 limão
1 colher (sopa de mostarda)

Creme
2 colheres (sopa) de azeite de oliva
1 cebola ralada
2 dentes de alho amassados
500 g de palmito picado
1 colher (café) de noz-moscada em pó
sal a gosto
1 colher (sopa) de farinha de trigo
1 ½ xícara (chá) de leite desnatado
4 colheres (sopa) de creme de leite light
2 colheres (sopa) de salsinha picadinha

Tempere os filés de linguado com sal, limão e mostarda. Deixe descansar por 30 minutos. Em seguida, acomode os filés em um refratário, cubra com papel-alumínio e leve ao forno a 230 °C por aproximadamente 7 minutos. Retire o papel-alumínio, vire os filés e volte ao forno por mais 5 minutos.
Para o creme, em uma panela média, doure a cebola e o alho no azeite de oliva. Junte o palmito, a noz-moscada, o sal e misture muito bem. Desmanche a farinha de trigo no leite e acrescente ao refogado. Coloque o creme de leite light, misture e aqueça sem deixar ferver. Apague o fogo e salpique a salsinha. Despeje o creme por cima do linguado e volte ao forno por mais 7 a 8 minutos ou até ferver.

Quiche de cebola

Massa

6 colheres (sopa) de margarina cremosa sem sal
1 pitada de sal
1 ½ xícaras (chá) de farinha de aveia

Recheio

3 cebolas fatiadas em rodelas (300 g)
2 colheres (chá) de azeite de oliva

Cobertura

4 ovos (2 gemas e 4 claras)
1 pote de queijo cottage (250 g)
1 xícara (chá) de creme de leite light

Para polvilhar

2 colheres (sopa) de queijo parmesão ralado light

Para o preparo da massa, misture a margarina com o sal e vá adicionando a farinha de trigo até dar ponto de massa e soltar das mãos. Se necessário, acrescente um pouco de água. Deixe a massa descansando por 15 minutos. Faça, então, o recheio. Refogue a cebola no azeite até amaciar e murchar. Reserve. Bata todos os ingredientes da cobertura no liquidificador até obter uma mistura cremosa. Para fazer a montagem: abra a massa em mesa enfarinhada. Forre o fundo e os lados de uma forma média de aro removível (22 cm de diâmetro). Coloque primeiro a massa, depois a cebola e, por fim, a cobertura. Polvilhe o queijo parmesão e leve ao forno médio (180 °C), preaquecido, por cerca de 30 minutos, ou até a massa ficar firme e dourada.

Conclusão

"Viver e não ter a vergonha de ser feliz, cantar e cantar e cantar, a beleza de ser um eterno aprendiz."

Ao concluir as doze semanas, gostaríamos de agradecer por você ter acreditado e apostado em nossa metodologia. Agora também disponível neste livro, ela nos dá enorme prazer, porque nos permite ver mudanças substanciais nas pessoas que a adotam e que resgatam a autoestima.

Queremos salientar que é importante dar continuidade a esse projeto. O que fizemos até aqui foi apenas capacitá-lo a adotar o método. Durante o processo, nosso objetivo foi mostrar a importância do equilíbrio entre diferentes áreas de sua vida: emocional e física, psicológica e nutricional. Não apenas uma alimentação balanceada, não apenas uma atividade física regular, mas o equilíbrio completo.

Uma vida com momentos bem distribuídos de exercícios e porções corretas de alimentos saudáveis é fundamental para todos que querem viver bem. Para além disso, ter sono adequado, adotar pelo menos um hobby, interagir com a família e os amigos são fatores que contribuem para manter o corpo mais magro.

Nós acreditamos em sua capacidade de mudança. E gostaríamos de ficar tranquilos, confiantes de que você acredita em si mesmo.

Se você está preparado, é hora de seguir em frente.

Boa sorte nesta montanha russa excitante e maravilhosa chamada vida.

Alessandro Vianna
Alexandre Bró
Bianca Naves
Dra. Rosa Rahmi

Depoimentos de participantes

NICE DORETTO

Entrou com 99,1 kg no dia 13 de fevereiro de 2015.
Saiu com 67,8 kg no dia 23 de dezembro do mesmo ano.
Perdeu 31,3 kg.

Tenho 54 anos e o depoimento que tenho para dar a respeito da participação no *reality show Além do Peso* passa pela oportunidade de me reeducar e levantar minha autoestima. Eu era uma pessoa muito triste, muito desanimada, sem ânimo para nada.

Passei a maior parte de minha vida trabalhando e me preocupando com os outros, mas sempre me esquecendo. Isso fez que, com o passar do tempo, fossem acumuladas mágoas, energias negativas, e eu compensava isso comendo e, consequentemente, engordando.

O *Além do Peso* ajudou a entender o processo de reeducação alimentar e dos hábitos de atividades físicas, pois eu era uma pessoa sedentária.

Hoje posso dizer que sou outra mulher, com a autoestima em bom nível. Isso foi possível com a ajuda dos especialistas, dos profissionais como o professor Bró, da parte de educação física. Contei ainda com a ajuda do psicólogo, o dr. Alessandro Vianna, que me deu muita atenção. Foi ele que conseguiu, com muita paciência, ajudar a encontrar aquilo que faltava em mim. Eu não me preenchia, não via satisfação em mim mesma, só pensava em comer, comer, comer. Ele me disse que era preciso amar a mim mesma, e isso fez todo o sentido naquele momento e para toda a vida, é uma lição para levar comigo para sempre.

Hoje eu me sinto leve, pesando 67 quilos e tendo emagrecido mais de 31 quilos no programa. Só tenho a agradecer a essa equipe que me ajudou na luta pelo meu emagrecimento. Estou frequentando a academia, tenho disposição para as coisas do dia a dia, tenho ânimo para cuidar de mim, me embelezar, e faço todas as coisas normais que temos de fazer. Tenho uma vida saudável, tenho facilidade de andar, correr, andar de bicicleta, e tudo isso graças aos profissionais do *Além do Peso*.

DANIEL ARAÚJO

Entrou com 161,1 kg no dia 13 de fevereiro de 2015.
Saiu com 110,9 kg.
Perdeu 50,2 kg.
Foi o campeão da 4ª edição.

Se eu puder servir de referência para alguém, devo dizer que em doze semanas a minha vida mudou. Perdi 40 quilos com a ajuda do Alê e de sua equipe. Eles conseguiram mudar a vida de um cara "sedentário profissional", que não comia salada, transformando-me em uma nova pessoa. Ganhei atendimento deles por mais quatro semanas, o que resultou na perda de mais 10 quilos.

Eu não me sentia tão mal por ser jovem, então me acostumei com o meu peso. Nem sempre os problemas de saúde interferem na rotina do obeso, mas quando você se reeduca nas práticas de alimentação e encara rotina de atividades físicas, só então percebe o quanto estava aprisionado numa situação aparentemente normal e sobre a qual pensava ter domínio, mas eu não tinha. Hoje sou outra pessoa, tenho mais disposição, saúde, sono com mais qualidade e, principalmente, o meu dia tem maior qualidade em comparação com o tempo anterior ao *Além do Peso*.

Parabenizo a equipe de especialistas pela publicação do livro que, certamente, vai ajudar e abençoar muitos. Leiam este livro e apliquem a metodologia ensinada aqui, porque funcionará com vocês também.

SÉRGIO

Entrou com 113,9 kg no dia 6 de março de 2015.
Saiu com 86,3 kg no dia 23 de dezembro do mesmo ano.
Perdeu 27,6 kg.

Numa segunda-feira, 9 de março de 2015, às 14h32, eu estava entrando no carro para dar mais uma aula como qualquer outro dia. Como sempre, estava esbaforido e suando muito (problema comum ao obeso) quando recebi uma ligação no meu celular. O identificador de chamadas acusava: "Produção *Além do Peso*". Começava aí a minha batalha contra a obesidade.

Três semanas antes, eu havia recebido um e-mail da produção dizendo que eu não havia sido escolhido para o *casting* inicial do programa, mesmo depois de ter passado em todos os testes, mandado vídeos, respondido questionários etc. Como resultado óbvio para um obeso que se desmotivava facilmente e sempre desistia de seus sonhos, abandonei o processo de seleção e parei de acompanhar a entrada dos participantes dia após dia sem deixar de pensar: "Poxa, poderia ser eu sentado em uma dessas cadeiras".

Como muitos obesos em estado crítico de obesidade, há tempos eu vinha me sentindo desmotivado, parado no tempo e no espaço como se a vida estivesse passando devagar demais e eu passando pela vida. Sem objetivos, sem metas, sem ambições... só de passagem. O obeso mórbido, por natureza, se sente deprimido, com pouca autoestima, e, no fundo, pensa que todos na rua estão olhando para ele e julgando-o. A verdade é que na maioria das vezes as pessoas estão ocupadas demais e correndo demais para sequer te julgarem.

Quando voltei ao meu estado normal (imaginem o choque que levei), a produtora perguntava se eu ainda tinha interesse em participar do programa *Além do Peso*. Pela primeira vez eu não hesitei e respondi com a voz meio trêmula: "Sim!". Veio a resposta que mudaria minha vida: "Pois prepare-se que você entra no programa nesta quinta-feira".

Não sei explicar o que houve comigo, mas naquele momento me veio à cabeça uma frase do amigo Patrick Crane, que sempre me dizia: "A vida é o que você mesmo faz dela e não o que os outros acham ou dizem de você". Foi naquele exato momento que minha cabeça começou a mudar. Uma dose imensa de alegria, excitação, nervosismo e, por que não dizer, medo tomou conta de mim, pois eu já sabia que minha vida mudaria muito além do que eu poderia sonhar. Muito *Além do Peso*.

Um mês antes de entrar no programa cheguei a absurdos 120 quilos. Com um peso desses, uma simples tarefa como andar mais que duas quadras era exaustivo, desmotivante e por vezes dolorido, pois meu joelho já estava sobrecarregado com tanto peso extra para carregar. Isso gerava muita infelicidade, pois eu cresci cercado de esportes e atividades físicas prazerosas, e a essa altura eu estava havia pelo menos nove anos sem conseguir praticá-las pelo excesso de peso, mesmo quando tinha vontade.

Coisas que podem parecer corriqueiras para uma pessoa "normal" (uso as aspas aqui porque todo obeso é, sim, uma pessoa normal, porém a obesidade deve ser encarada e aceita como uma doença) para mim eram extremamente difíceis de executar. Algo como acordar cedo para poder dar mais aulas poderia parecer preguiça aos olhos alheios, mas para o obeso é difícil levantar disposto, pois a noite nunca é bem dormida, há problemas respiratórios, inúmeras mexidas na cama etc. Roupas, então, eu sempre tive muitas, porém usava apenas umas cinco peças que me faziam sentir mais confortável e mais discreto. Quando chegava a hora de comprar outras peças, meu Deus, que suplício! O lugar onde todos amam ir, ao shopping, para mim era como se eu fosse tomar uma injeção (certas coisas nunca mudam, e eu ainda tenho medo de injeção).

Não aprofundarei exemplos clássicos do obeso mórbido, como usar uma sunga para ir à praia (moro em Santos desde que nasci e posso contar as vezes em que fui à praia depois que engordei). Qual gordo nunca quebrou uma cadeira plástica durante uma festa? E a necessidade diária de colocar um simples par de meias e amarrar o tênis requeria muita técnica.

Foram essas dificuldades diárias que me deixaram cansado em determinado momento e me fizeram levantar, ir para frente do computador e me inscrever no programa *Além do Peso*.

Lembro-me de que em minha entrada no programa, no dia 12 de março de 2015, eu estava bem apreensivo, e havia muita confusão devido à chegada de uma nova estrela na Rede Record. Lembro-me de nem conseguir me empolgar com a breve proximidade que tive com a rainha dos baixinhos, a Xuxa, de tão nervoso que eu estava.

No fundo, a maior ansiedade não era aparecer em frente às câmeras, fazer papel de bobo em rede nacional, ou me deparar com os outros sete participantes do programa, que naquele momento já estavam unidos havia três semanas, mas sim o medo de conhecer "Os Especialistas" juntamente com os âncoras Britto Jr. e Ticiane Pinheiro.

O primeiro contato foi com o "sargento" Alexandre Bró (apelido carinhoso para aquele que era responsável por nos fazer ir sempre além de nossos limites e, por vezes, arrancar nosso couro nos treinamentos). Lembro-me de que fui completamente honesto e inocente ao dizer para o Bró que eu não tinha problemas com a comida. E ele, sem ao menos olhar para mim, respondeu com o tom que lhe é peculiar: "É, tem alguma coisa errada nessa conta. Logo vamos descobrir".

Faço uma pausa aqui para explicar que é possível, sim, uma pessoa ser obesa sem nunca ter abusado da comida. Eu sempre fui assim. Comia coisas saudáveis, porém a forma, o horário e a quantidade eram erradas. Aprendi que os pequenos erros do dia a dia é que fazem o grande estrago ao longo dos anos. Erros como usar sal em excesso, comer muito tarde da noite e ir dormir (mesmo que pouco), ingerir excesso de líquido durante as refeições e tantas outras coisas que eu tenho certeza de que o leitor saberá identificar.

Veio então a dra. Bianca Naves tirar minhas medidas e me expor em rede nacional e em mais de 160 países. Que vergonha! Ali ficou claro que meu grande problema era de gordura visceral, pois sempre tive muita barriga, mesmo tendo pernas e braços finos.

Fui cumprimentado pela dra. Rosa Rahmi, que passou o meu diagnóstico completo só de saber meu peso e minhas medidas. Foi logo dando uma de suas broncas estilo mãezona. Brava, porém com a voz de quem está alertando para o nosso próprio bem.

Por fim, não posso deixar de citar o contato com aquele que hoje é meu amigo, o dr. Alessandro Vianna. Faço questão de deixar claro que ele foi a parte fundamental do meu tratamento.

Para a maioria dos obesos, são os fatores psicológicos que o fazem se voltar para a comida como muleta. Uma espécie de válvula de escape que nunca o condena, não aponta o dedo e é imensamente prazerosa (ou assim pensamos, quando é exatamente o contrário).

A esses especialistas que eu tanto temia, serei eternamente grato, e me sinto honrado em poder chamá-los de meus salvadores, meus amigos.

Como eu realmente não tinha problema com a comida, sobrava na conta da balança os exercícios físicos (é fato que tal conta é composta de 80% de alimentação e 20% de exercícios). Aprendi também, por conta própria, que os 80% da alimentação não funcionam sem os 20% de exercícios que acionam a necessidade desses 80%.

[Por falar em alimentação, pausa para uma barrinha de cereais.] O programa *Além do Peso* não termina em seu final. Ele nos ensina e nos dá o empurrão inicial para uma jornada de uma vida toda de reeducação alimentar e não simplesmente de um regime, que na maioria das vezes começa na segunda-feira e termina na sexta à tarde. Pelo menos foi assim comigo. Reeduquei minha cabeça, meu modo de pensar, e não apenas emagreci para o programa].

Enfim, vieram as atividades físicas e meu medo se confirmou. Eu estava bem abaixo da capacidade física mínima para praticar qualquer esporte, exceto o levantamento de garfo. Foram dias difíceis lutando contra a fadiga, a bronquite e as dores excruciantes no joelho esquerdo.

Em determinado ponto, meu joelho não aguentou a repentina rotina de exercícios forçados, e tive que passar uma semana usando muletas para andar. E ainda me afastei de algumas atividades, tendo que manter o peso só com a alimentação. A outra opção? Era desistir do programa, pois como nos sempre foi dito, havia mais de 5 mil inscritos para entrar em nossos lugares em caso de desistência. Desistir nunca! Eu iria chegar até a final do programa nem que fosse com um joelho só.

Hoje, estou com 83,4 kg (1 kg a menos do que no dia em que saí do programa) e continuo mantendo o peso e o modo de pensar. Deveria ser assim com todos os participantes e todas as pessoas que realmente almejam mudar de uma vida cheia de problemas e tristezas para uma vida saudável e cheia de alegrias.

Muitos me perguntam o que mudou. É mais fácil responder que o Sérgio de antes do programa morreu e um novo Sérgio renasceu muito mais alegre, disposto, motivado.

Se outrora o Sérgio de antes se escondia no quarto fechado e isolado, hoje o quarto serve apenas para o descanso e para meu hobby, plastimodelismo.

Se antes o falecido Sérgio não saía, tinha poucos amigos e uma vergonha indescritível de seu próprio corpo, hoje o Sérgio pós-*Além do Peso* tem uma vida corrida, cheia de fãs e de carinho do público que sempre me motivou a nunca desistir, mesmo nos momentos em que essa ideia não saía da cabeça.

Autoestima elevada, amizades sinceras, sorrisos em vez de cara fechada. Quanta mudança! A única coisa que nunca mudou, e nunca mudará, foi o carinho que minha família sempre teve comigo, entendendo e me acolhendo como obeso. Hoje, ela está orgulhosa por meu esforço e minha dedicação.

A vida já não passa por mim. Agora sou o condutor dessa aventura. Um condutor focado, porém muito empolgado para ver o que a vida me reserva na próxima curva.

MURILO ANDRADE

Entrou com 135,8 kg no dia 13 de fevereiro.
Saiu com 91,3 kg no dia 23 de dezembro do mesmo ano.
Perdeu 44,5kg.

Pode até soar clichê, meio comercial de TV, mas tenho que dizer que minha vida se baseia em 2 momentos: antes do *Além do Peso* e depois.

Quero falar primeiro sobre "antes do *Além do Peso*".

Eu era um cara meio sem rotina, sem expectativas, que não vivia. Eu apenas deixava a vida fluir.

Sempre fui gordo, nasci uma criança grande, cresci uma criança grande e vivi como um adulto grande! Quando digo grande quero dizer gordo. Isso era algo muito normal para mim. Apelidos como *Gordão* e *Baleia* nunca me abalaram e, de maneira natural, aprendi a conviver com esses fantasmas com os quais os gordos convivem.

Porém, em certo momento da minha vida eu conheci a Daniela, uma pessoa maravilhosa, que tinha o mais lindo dos sorrisos. E pela primeira vez, depois de 22 anos, me senti péssimo com a minha imagem. Senti que estava cansado de não poder usar as roupas que eu gostava e de não fazer coisas que queria fazer.

Foi aí que juntei a “fome com a vontade de comer”. Eu estava na faculdade nessa época e já fazia estágio. Início de carreira é duro, então eu precisava decidir se comia ou guardava dinheiro para sair com a mulher mais gata que eu conheci. A saída que encontrei foi criar algo inovador: a famosa dieta do sono. Era algo insano, porque em vez de comer, eu dormia. E, acredite ou não, a dieta funcionou!

Perdi mais de 30 quilos em menos de 6 meses, e com o novo Murilo veio a autoestima, o bom gosto e a confiança necessária para conquistar a minha musa.

Acontece que eu emagreci de maneira errada, emagreci com uma “dieta”, não com reeducação alimentar, e a dieta foi feita para durar por um período apenas.

Quando ela acaba, o sonho do corpo ideal vai embora também, e isso acontece porque não mantemos uma rotina saudável na sequência, e todos os péssimos hábitos alimentares retornam e com eles vem também o sentimento de frustração.

Durante o pouco tempo em que estive bem fisicamente, consegui constituir minha família e ganhei o bem mais precioso que eu poderia ter, meu filho. Mas eu não era 100% feliz. Era frustrado, tinha vergonha de entrar em uma piscina com meu garoto, não fui o primeiro a entrar no mar com ele, e isso me incomodava muito.

Vendo essas pequenas decepções, e conhecendo o meu lado competitivo e determinado, a Dani, minha esposa, resolveu me inscrever no programa.

Lembro quando recebi a ligação da produção do programa informando que eu havia sido selecionado para ser um dos participantes. Foi uma mistura doida de sentimentos, como medo e alegria. Uma competição em rede nacional! Tenho que ganhar, eu vou ganhar esse jogo, pensei.

A dra. Rosa passava uma paz e um ar de mãe. E eu não estava errado, quem acompanhou o programa viu que eu tomei alguns puxões de orelha dela.

A dra. Bianca, uma simpatia fantástica e um sorriso encantador.

O dr. Alessandro, vulgo Alê, que energia fantástica ele passou! Senti imediatamente uma confiança muito grande nele. Descobri na hora que havia ganhado um novo amigo.

O sargento Bró, a maior propaganda enganosa da história! Para quem não o conhece, ele assusta. Ele é uma mistura de Charles Bronson com o Chuck Norris, acrescido de algumas das melhores poses que o Adam Sandler em *Zohan* pode fazer. Porém, por trás dessa imagem máscula e rígida, existe o cara mais "manteiga derretida" que eu conheci e com um coração fantástico, além da comprovada capacidade profissional. Para mim ele é uma pessoa única na sua área.

Perder 1% de peso corporal até sexta-feira e manter esse peso perdido de sexta até segunda! Parece fácil, mas só parece.

Estava lançado o desafio. Coloquei na cabeça que eu teria de ser o melhor, que teria de usar o meu foco como nunca havia usado, e cometi na largada o meu primeiro erro: "Não estava em um jogo, estava em um tratamento".

Eu não tinha ciência da doença que sofria, do risco que corria, do péssimo exemplo que passava para o meu filho, mas graças a Deus e a capacidade de Os Especialistas, cada um com o seu jeito próprio, eles foram nos ensinando pouco a pouco.

Descobri com a dra. Rosa todos os malefícios da obesidade, que é uma doença muito séria, e atinge milhares de pessoas ao redor do mundo.

Descobri com a dra. Bianca o quão gostoso e divertido pode ser comer de maneira correta.

Descobri com o Bró que existia um atleta trancado dentro do meu corpo, um cara que adora correr, que adora ser desafiado, e que adora testar os seus limites.

Descobri com o Alê como controlar os novos sentimentos que surgiriam durante a mudança brusca de rotina. Aprendi com ele a controlar as crises de ansiedade, a entender que errar no processo de aprendizado é normal e que não podemos desistir pelos erros cometidos. Temos, sim, de aprender com eles e usá-los como motivação para continuar em frente. E a lição principal: o único inimigo que eu tenho nessa guerra contra a obesidade sou eu mesmo, e somente eu poderia mudar esse cenário de frustração.

FABIANA DIAS

Entrou com 127,9 kg no dia 25 de julho.
Saiu com 90,10 kg no dia 23 de dezembro do mesmo ano.
Perdeu 37,8 kg; atualmente está com 67 kg.

Antes do *Além do Peso* me sentia um monstro. Não me olhava no espelho, tinha medo. Odiava ver o tamanho da papada e achava que, para mim, não havia mais jeito.

No começo do programa foi tenebroso. Respeitar regras, acordar cedo, fazer atividades, enfrentar diversas academias não foi nada fácil. Por diversas vezes pensei em desistir, mas por causa dos conselhos de um psicólogo não o fiz. Queria me sabotar comendo várias comidas e achava que jamais conseguiria sair da condição de sedentária comilona.

Aguentar a pressão do programa, mudanças de hábitos alimentares, quantidade de comida (para mim foi chocante), mas como tudo na vida a gente se acostuma... fui pegando gosto e achando legal aquela brincadeira.

Não imaginava que chegaria tão longe! Estou com 76 kg (foram eliminados 52 kg em 10 meses), e hoje a maior conquista é ser exemplo para muita gente. Antes me olhava no espelho com medo, me escondia das pessoas, e hoje magra, com a vida extremamente ativa, sou exemplo para muitos.

Tiro fotos a cada cinco minutos, me olho no espelho com orgulho, com satisfação, me amo de verdade e procuro melhorar a cada dia.

Notas

[1] Segundo os critérios estabelecidos pela tabela do Índice de Massa Corporal da Organização Mundial de Saúde (OMS).
[2] Valores aproximados e dentro das recomendações estabelecidas pelas DRI (2001).
[3] Clark, Myrian. *Em forma com seu bebê*. São Paulo: Panda Books, 2007. p. 53. Esta obra foi escrita com a consultoria de José Alexandre Filho
[4] Disponível em: <http://www.theguardian.com/lifeandstyle/2012/apr/22/does-music-help-you-run-faster> acesso em: 24 jul. 2015.
[5] Philippi, S.T. *Pirâmide dos alimentos: fundamentos básicos da nutrição*. São Paulo: Manole, 2008.
[6] Leia mais em http://www.aminhacorrida.com/alongamentos-estaticos-vs-alongamentos-dinamicos-2/
[7] Clark, Myrian. *Em forma com seu bebê*, 1ª ed. São Paulo: Panda Books, 2007, p. 53. Esta obra foi escrita com a consultoria de José Alexandre Filho.
[8] CASA, D. J.; ARMSTRONG, L. E.; HILLMAN, S. K.; MONTAIN, S. J.; REIFF, R. V.; RICH, B. S. et al. National Athletic Trainer's Association Position Statement (NATA): *Fluid replacement for athletes*. *J Athl Train*, 35(2), p. 212-224, 2000.
[9] American College of Sports Medicine. Position Stand on Exercise and Fluid Replacement. Medicine and Science in Sports and Exercise, Madison, v. 28, n. 1, p. i-vii, 1996.
[10] Brukner, P.; Khan, K. *Clinical sports medicine*. 3a ed. Austrália: McGraw-Hill, 2006.
[11] Essa suplementação deve ser prescrita exclusivamente por um médico, pois, o excesso de algumas vitaminas e minerais também pode ser nocivo ao organismo.
[12] Brasil. Ministério da Saúde, Secretaria de Vigilância em Saúde, Secretaria de Gestão Estratégica e Participativa. *Vigitel Brasil 2014:* vigilância de fatores de risco e proteção para doenças crônicas por inquérito telefônico.
[13] Publicado recentemente na revista *International Journal of Obesity*.
[14] Brukner, P.; Khan, K. *Clinical sports medicine*. 3a ed. Austrália: McGraw-Hill, 2006.
[15] Do grego *leptos* = magro.
[16] ALEXANDRE FILHO, José; BRESSER, Deborah. *A vida começa aos 40*: programa de 16 semanas de exercício para deixar quarentões em forma. São Paulo: Leya, 2009. p. 125.
[17] *Diretrizes Brasileiras de Obesidade*, da Associação Brasileira para o Estudo da Obesidade e da Síndrome Metabólica (Abeso), 2009.
[18] ALEXANDRE FILHO, José; BRESSER, Deborah. *A vida começa aos 40*:

programa de 16 semanas de exercício para deixar quarentões em forma. São Paulo: Leya, 2009. p. 127.

[19] Harris, J. A; Benedict, F. G. *A biometric study of basal metabolism in man*. Boston: Carnegie Institution of Washington, 1919.

[20] Disponível em: http://portalsaude.saude.gov.br/index.php/o-ministerio/principal/portal-dcnt/mais-sobre-portal-dcnt?start=10 e acessado. Acesso em: 25 ago. 2015.

[21] Veja esta rotina de exercícios para treino de 7 minutos em: <https://www.http://entretenimento.r7.com/programa-da-tarde/alem-do-peso-2/videos/circuito-de-sete-minutos-promete-queimar-600-calorias-bora-treinar--5373d8080cf260e889951cc0/